I0492385

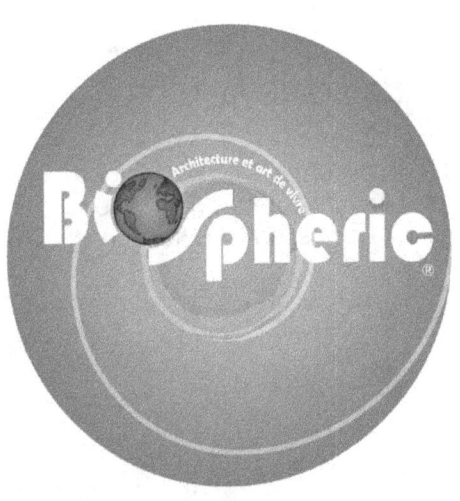

www.biospheric.com

Ce livre est également disponible en grand format couleur sous la référence :
ISBN : 978-2-952802000

DU MEME AUTEUR

Des Mondes d'Architecture – Petite Histoire Thématique de l'Architecture, Paris, Editions Biospheric, coll. « Les essentiels Biospheric, 2017.
ISBN : 978-2-952802017

Le Mythe du Nombre d'Or
Une Esthétique Mathématique

Editions Biospheric

ISBN(13): 9781723905476
© Editions Biospheric, octobre 2018

Le Code de la propriété intellectuelle interdit les copies ou
reproductions destinées à une utilisation collective. Toute
représentation ou reproduction intégrale ou partielle faite par
quelque procédé que ce soit, sans le consentement de l'auteur
ou de ses ayants droits, est illicite et constitue une contrefaçon
sanctionnée par les articles L.335-2 et suivants du Code de la
propriété intellectuelle.

Le Mythe du Nombre d'Or
Une Esthétique Mathématique
Edition poche

Par Jérôme HAUBOURDIN

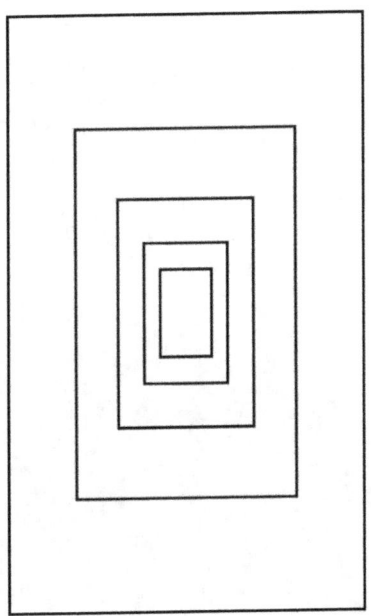

INTRODUCTION

La mystérieuse expression « nombre d'or » qui revient fréquemment dans les propos des peintres, des philosophes, des architectes et des poètes, évoque dans l'inconscient collectif la loi unique d'une harmonie universelle et le symbole même du beau. Ce nombre merveilleux introduit dans la grandeur arithmétique désignée par $\Phi = \frac{1}{2}(1+\sqrt{5})$ nous renvoie à un âge d'or de l'art. Depuis les pyramides égyptiennes ou l'architecture grecque, jusqu'à Raphaël ou Léonard de Vinci, de Seurat à Cézanne ou à Le Corbusier, on veut le voir partout. Il éluciderait les mystères des œuvres du passé, symboliserait la perfection, donnerait une explication universelle du sentiment esthétique, résumerait la géométrie de la beauté, nous rapprocherait de l'entité artistique et de son essence. Par son aptitude à représenter ces multiples phénomènes, le nombre d'or fascine et déchaîne un réel engouement. *Trois points A, B, C, alignés forment une section dorée s'il y a de la petite partie à la grande le même rapport que de la grande au tout.*

De certaines analyses de chefs d'œuvre où nous pouvons voir la représentation disparaître sous une myriade de figures ou tracés régulateurs censés dévoiler le secret de la composition - omniprésence du *nombre d'or* par diverses extrapolations semblant quelquefois plus ou moins justifiées et par lesquelles leurs auteurs nous livrent la géométrie secrète de « l'art » - à l'existence d'historiens pour lesquels le nombre d'or présiderait ou aurait présidé à la réalisation de toute œuvre considérée comme belle, comment le simple partage d'une droite *en extrême et moyenne raison* a-t-il pu acquérir une valeur aussi éminente dans le domaine de l'esthétique ?

Aussi, il est intéressant d'étudier et de s'interroger sur les raisons du succès du nombre d'or, en présenter les enjeux théoriques, les axiomes de départ et montrer le processus de mystification.

Transcendant les facilités techniques proposées par les encadrements géométriques et mathématiques, l'hypothèse d'une volonté de connaître la loi unique de l'harmonie universelle semble rayonner et s'imposer. Le nombre d'or tiendrait-il sous sa dépendance toute œuvre d'art digne de ce titre ?

Φ[1] posséderait-il de réels pouvoirs esthétiques sans faire appel au mystique ni au mythique ? Pourquoi ce nombre et sa transcription linéaire ont-ils pu autant séduire et susciter l'intérêt des philosophes, architectes, scientifiques, artistes…?

Cet ouvrage viendra clarifier, expliquer, observer et expérimenter le « nombre magique de l'esthétique et de la beauté » sous différents angles, regards, approches, dimensions, afin d'appréhender sa véritable essence et quintessence.

---

[1] On désigne le nombre d'or par la lettre grecque Φ (*Phi*) en référence au sculpteur grec Phidias (490 - 430 av JC) ayant notamment réalisé la statue d'Athéna Parthénos.

PREMIERE PARTIE : ORIGINES DU NOMBRE D'OR

Le nombre d'or détient un statut privilégié. Rassemblant dans son acception courante et globale une dimension magique, mystique, religieuse pour beaucoup d'individus, ce nombre est rarement appréhendé avec rigueur ou sens pratique. Nous étudierons dans cette première partie sa définition mathématique (*chapitre 1*) et son évolution historique (*chapitre 2*) pour ensuite découvrir la base de son vocable mystique (*chapitre 3*).

Chapitre 1 : Le nombre d'or des mathématiciens

Quelles sont les diverses données mathématiques, générales comme caractéristiques du nombre d'or qui ont entraîné l'engouement des plus grands mathématiciens de notre histoire ?

A/ Division d'un segment de droite en moyenne et extrême raison

C'est dans les *Eléments*, ouvrage du mathématicien grec Euclide, que l'on trouve la plus ancienne définition écrite de ce que nous appelons aujourd'hui la *section d'or*.

« *Une droite est dite être coupée en extrême et moyenne raison quand, comme elle est toute entière relativement au plus grand segment, ainsi est le plus grand relativement au plus petit.* »
Euclide, *Eléments*, livre VI, 3e définition

Pour mieux comprendre cette phrase, posons la construction suivante :
Considérons un segment de droite AB et déterminons un point M, situé entre A et B, et tel que :
AB/AM = AM/MB   *(1)*

relation que l'on transforme en :
AB^2 = AM (AB + AM) *(2)*

De cette expression, on tire une construction élémentaire (*figure 1*).

Traçons ensuite le segment de droite BC, perpendiculaire à AB et de longueur BC = AB.

Dessinons le cercle de diamètre BC de centre O, et la droite passant par A et O qui coupe ce cercle aux points M' et N'. On sait que :
AB^2 = AM'× AN' = AM'(AM'+M'N')

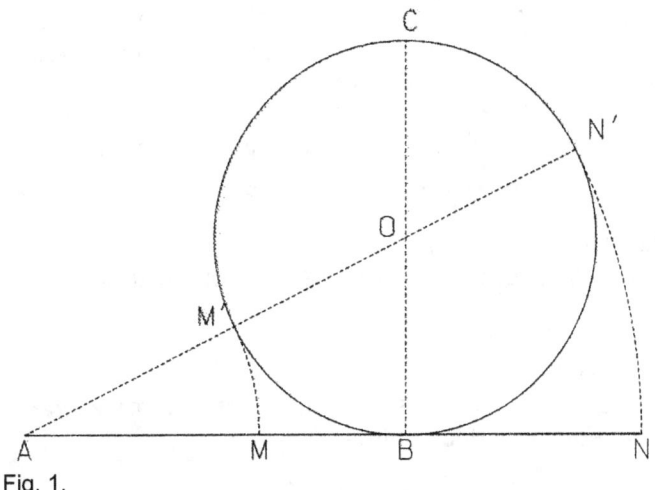

Fig. 1.

$AB/AM = AM/MB = \Phi$

$AN/AB = AB/ AM = AB/BN = \Phi$

Ou encore, puisque M'N'= BC = AB :

$AB^2 = AM'(AB+AM')$

En rapprochant cela à l'expression *(2)*, on en déduit que :

$AM = AM'$

Pour obtenir le point M cherché, il suffit de porter sur AB, à partir de A, une longueur égale à AM'. On peut observer que le point M se trouve défini par le rapport AB/AM soit le *nombre d'or*.

En reportant à partir de A, sur le segment AB et son prolongement, une longueur AN égale à AN', on vérifie que :

$AB/AM = AB/BN = \Phi$

$AN/AB = AB/AM = \Phi$

Le point B divise le segment AN en *moyenne et extrême raison* (de même que M divise le segment AB *en moyenne et extrême raison*).

La propriété remarquable de la division représentée par le nombre Φ peut se résumer ainsi :

1/ AB = AM+MB
L'un des segments est la somme des deux autres.

2/ La condition *(1)* s'écrit aussi :
AM^2 = AB×MB
La longueur de l'un des segments est la *moyenne géométrique* des deux autres.

Les quatre segments MB, AM (ou BN), AB et AN ont respectivement des longueurs qui forment une progression géométrique croissante égale au rapport Φ, soit :
AN = Φ AB = Φ^2 AM = Φ^3 MB

B/ Milieu du carré

Construisons un carré ABCD puis plaçons un point M de sorte que CM = MD. De ce point M traçons la diagonale MB. Rabattons cette diagonale sur la droite passant par C et D pour obtenir le point D'. Nous avons :
CD'/CD = Φ
CD/DD' = Φ
Construisons ensuite le rectangle AB'CD'. Il s'agit d'un *rectangle d'or*.

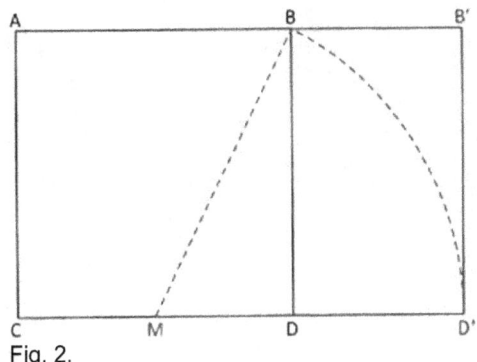

Fig. 2.

C/ Décagones et pentagones réguliers

La figure 3 représente un *décagone régulier convexe* (de côté AB) et un *décagone régulier étoilé* (de côté AC) inscrits dans le même cercle de centre O.

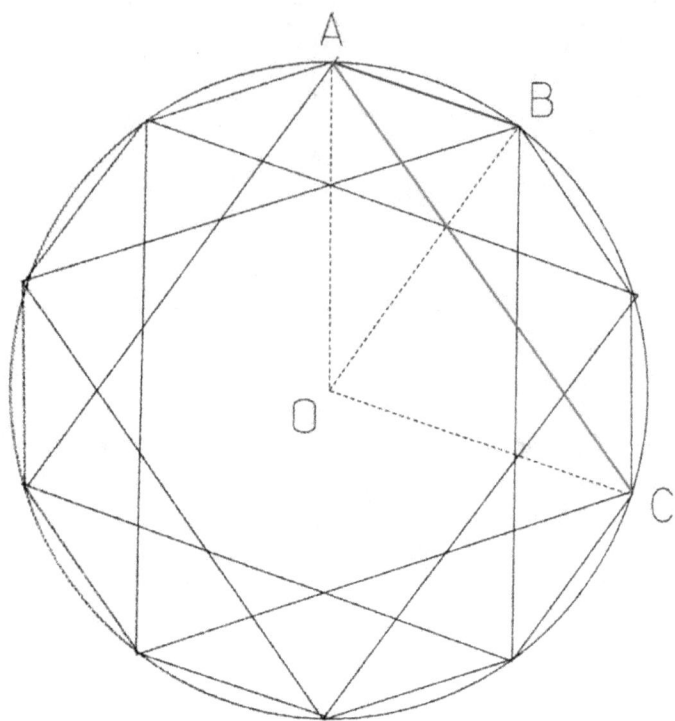

Fig. 3.

On démontre que :
AC/OA = OA/AB = Φ

Le *nombre d'or* est le rapport du côté du décagone étoilé au rayon du cercle circonscrit, ou encore le rapport du rayon du cercle au côté du décagone convexe inscrit.

La figure 4 représente un *pentagone régulier convexe* (de côté AB) et un *pentagone régulier étoilé* (de côté AC) inscrits dans le même cercle.

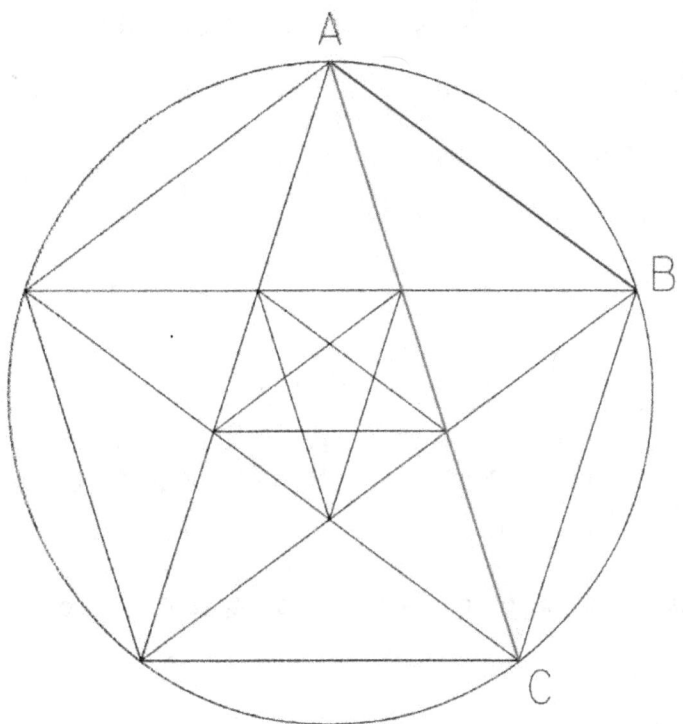

Fig. 4.

On démontre que :
AC/AB = Φ

Le rapport du côté du *pentagone étoilé* (ou la diagonale du *pentagone convexe*) au côté du *pentagone convexe*, est égal au *nombre d'or*.

D/ Equation donnant le nombre d'or

Calculons le *nombre d'or* à partir de l'expression *(2)* (section A).
$AB^2 = AM (AB + AM)$

Posons :
AB = a   AM = a/Φ

D'où :
$a^2 = (a/Φ) \times (a + a/Φ)$
et, *a* s'éliminant du calcul on trouve :
$Φ^2 - Φ - 1 = 0$ (3)
Cette équation a deux racines de signes contraires. Celle qui correspond au point M - la racine positive - a pour valeur :
$(1+\sqrt{5}) / 2 = Φ$

La deuxième racine - la racine négative - a pour valeur :
$(1-\sqrt{5}) / 2 = -1/Φ = - Φ^{-1}$

Cette racine correspond, au signe près au point N de la figure 1, lorsqu'on le définit à partir du segment AB, puisque AB/AN = 1/Φ

E/ Propriété remarquable du nombre d'or

Le *nombre d'or* a une propriété remarquable unique. Il a en effet la particularité de se multiplier par lui-même lorsqu'on lui ajoute 1. Corollairement, il s'inverse lui-même lorsqu'on lui enlève 1.

Cette propriété peut s'écrire de la façon suivante :

$\Phi + 1 = \Phi^2$
$\Phi - 1 = \Phi^{-1}$ ou $1/\Phi$

F/ Ecriture universelle du nombre d'or

En considérant x étant égal à tout nombre réel positif (R+), le *nombre d'or* peut également s'écrire sous la formule : $\Phi = (\sqrt{(x^2 + (2x)^2)} + x) / 2x$

G/ Valeurs numériques de Φ en écriture décimale

A partir de l'expression du nombre d'or : $\Phi = \frac{1}{2}(1+\sqrt{5})$, nous pouvons calculer des valeurs décimales de Φ plus ou moins approchées et commodes :

1.61803 unité près.	le dernier décimal *3* est exacte à une
1.618	approximation à 1/50 000ème près en valeur relative. C'est celle que l'on utilise généralement en Architecture.
1.62 relative.	approximation à 1/800ème près en valeur
1.6 ou 8/5	approximation à 1/90ème près en valeur relative soit environ 1%. Pour sa commodité, c'est notamment celle utilisée par les peintres.

17

Chapitre 2 : L'aperçu historique

S'agissant du nombre d'or, la littérature est relativement abondante et riche. Survolons dans un ordre chronologique son histoire et ses différentes consécrations.

A/ Le nombre d'or avant la civilisation hellénique

Il semble facile à croire que la découverte du nombre d'or remonte aux temps les plus anciens.

De par la simple expérimentation, le découpage ou la division de certains éléments et figures géométriques a sans doute été découvert relativement tôt. La grande variété de fleurs à cinq pétales régulièrement répartis, couramment rencontrées dans la nature, ou tout simplement le fait de détenir cinq doigts, cinq orteils… a indubitablement influencé l'homme à particulièrement s'y pencher. De même, *la division par dix* a pu sembler corollaire au fait de posséder deux fois cinq doigts et orteils.

La présence de figures géométriques relatives au nombre d'or dans les monuments ou œuvres d'art très anciens, nous fait présumer qu'après la division de la circonférence du cercle en cinq ou dix arcs égaux, la construction de décagones ou pentagones réguliers vint naturellement… Apparaissait alors à l'homme le nombre d'or. Il est à supposer qu'à partir de cette donnée, de nombreuses propriétés géométriques furent révélées par la « pratique expérimentale ».

Au fur et à mesure des découvertes et études, la richesse civilisationnelle de l'Egypte antique se révèle toujours un peu plus fascinante. L'analyse de la pyramide de Kheops, bâtiment connu le plus emblématique de l'Antiquité, révèle des connaissances mathématiques et géométriques très avancées. Elle laisse entrevoir une grande connaissance du nombre pi et du nombre d'or (*cf. Troisième partie chapitre 2*).

B/ L'Antiquité gréco-romaine et le Moyen Age

1/ L 'Antiquité gréco-romaine

La science de la géométrie au sens où nous l'entendons aujourd'hui et tel que nous pouvons le comprendre en la mettant en relation avec les conceptions intellectuelles de notre civilisation actuelle - c'est-à-dire un ensemble de propositions se déduisant les unes des autres à partir d'axiomes et de définitions - apparut vraisemblablement avec les grecs[2].

Pour les Pythagoriciens[3], le pentagramme représentait un symbole de perfection. D'ailleurs, ils baptisèrent ses cinq pointes des lettres « UGIEIA ». (U *Hudor* : l'eau, G *Gaïa* : la terre, I *Idea* : l'idée, EI *Heile* : le feu/soleil, A *Aer* : l'air). Ces lettres ont formé le mot *hygeia* signifiant le mot « santé ». *Hygie* est la déesse grecque de la santé.

---

[2] selon nos connaissances historiques actuelles.
[3] Membres de l'école philosophique de Pythagore (philosophe et mathématicien grec (570 av J.C – 480 av J.C.)).

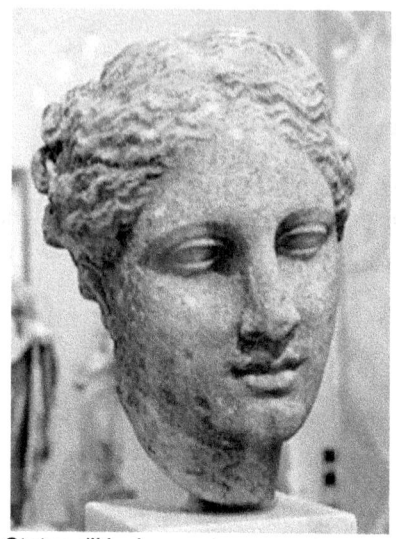

Statue d'Hygie

La consécration de « l'œuvre géométrique » se trouve dans les *Eléments*[4] d'Euclide[5], ouvrage écrit en 300 av. J-C qui a servi de support jusqu'à nos jours à l'enseignement des mathématiques, et dont le fondement n'a pas été remis en cause.

---

[4] En grec ancien : Στοιχεία / *Stoikheía*.
[5] Mathématicien grec (IIIᵉ siècle avant J.C.).

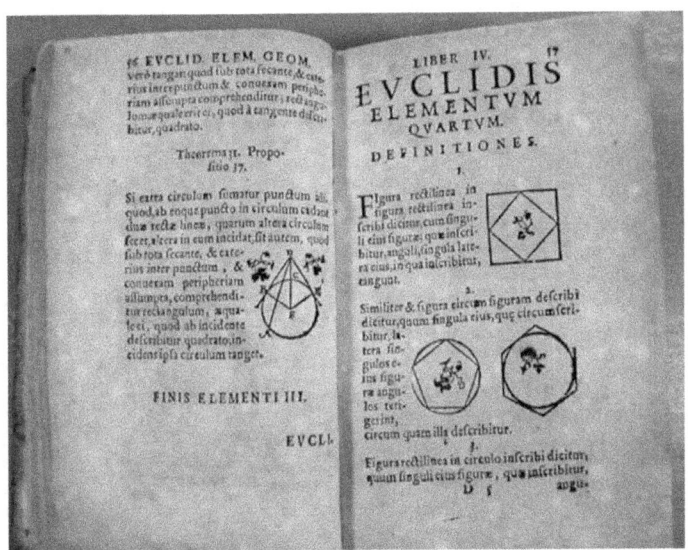

Extrait des *Eléments* d'Euclide

Dans ce traité, le nombre d'or apparaît comme un *nombre irrationnel,* lié au problème classique de la division en *moyenne et extrême raison*, aux propriétés des *décagones* et *pentagones réguliers*, aux propriétés des polyèdres réguliers. L'essentiel des caractéristiques géométriques du nombre d'or y est contenu.

Malgré les propriétés du nombre d'or, Euclide ne semble pas y porter un intérêt privilégié. Il ne prend pas la peine de désigner le nombre ½ (1+√5) - en écriture moderne - par un nom particulier.

Euclide semble faire figure de savant « positif », détaché des préoccupations mystiques, pourtant existantes à l'époque.

La géométrie d'Euclide, incitant à de nombreuses applications pratiques, a profité largement au développement de l'architecture et au bonheur des techniciens. Il est aussi probable qu'un grand nombre de « recettes » intéressantes nées de la tradition et de l'expérience empirique, aient été oubliées du fait du développement du calcul numérique.

2/ Le Moyen Age

Dans le courant du Moyen Age, une place singulière est faite à Léonard de Pise, dit Fibonacci (1170 – 1241) qui fut l'un des plus grands mathématiciens de son époque. On lui doit notamment la découverte et l'implantation des chiffres arabes[6] en Europe.

Dans son ouvrage de référence *Liber abaci* « le livre du boulier » qui connut un très large succès et enracina sa réputation auprès des érudits et intellectuels, il démontra l'avantage et la commodité des chiffres arabes sur les chiffres romains, et proposa une *série* ou suite de nombres, à laquelle la postérité a donné le nom de *Fibonacci*, et qui débouche sur le nombre d'or (*cf. Seconde partie chapitre 2*).

---

[6] eux-mêmes repris des chiffres indiens du IVème-Vème siècle après J-C.

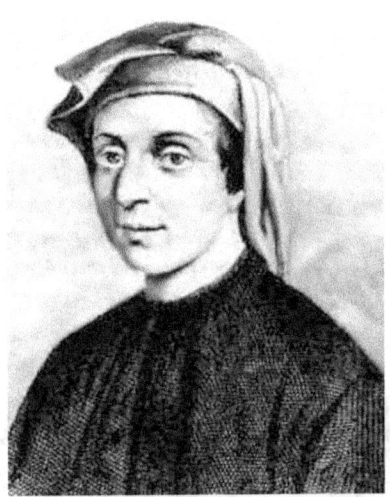
Portrait de Fibonacci

C/ De la Renaissance à l'époque Contemporaine

1/ La Renaissance

Au XVème siècle, à la conception médiévale de la réalité et des rapports humains vient se substituer une nouvelle vision moderne, empirique et scientifique de l'homme, de la nature et de leur relation réciproque. L'homme découvre le Nouveau Monde[7], redécouvre l'Antiquité. Dans ce courant, le nombre d'or ressurgit. Luca Pacioli[8], mathématicien et moine franciscain, participe particulièrement à l'essor de cette

---

[7] Le continent américain.

[8] Il fut mentionné une première fois dans l'histoire pour avoir revu et annoté la traduction latine que Campanus de Novare avait faite des *Eléments d'Euclide*.

redécouverte en publiant *De divina proportione*. (*cf.* *chapitre 3*).

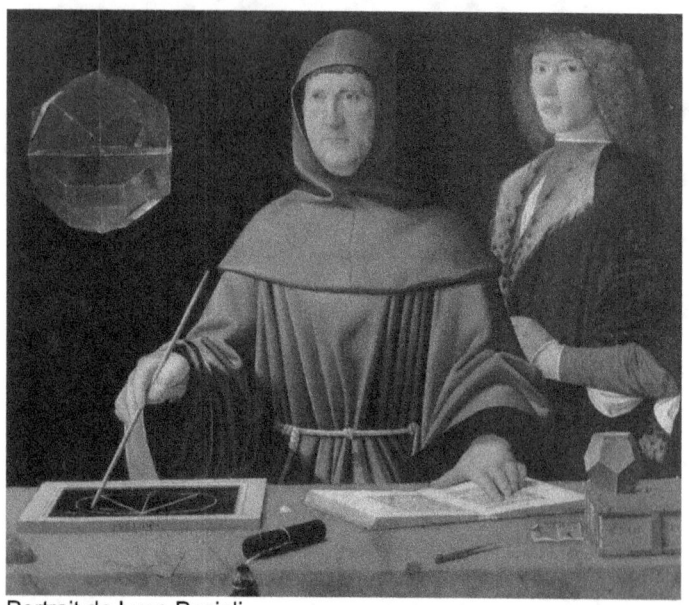

Portrait de Luca Pacioli
(*peinture de Jacopo de Barbari, 1495*)

Cet ouvrage rencontra un grand engouement et se répandit très rapidement à travers l' « Occident ». Il semblerait qu'il soit le premier traité consacré pour une large part au nombre d'or. On y trouve notamment ses propriétés mathématiques, et contrairement à Euclide, ses attributs mystiques y sont exposés.

Après avoir sombré dans l'oubli, *De divina proportione* revient à notre époque dans l'actualité.

2/ Le siècle des Lumières et le XIXème siècle

Concernant les plantes et les fleurs, les arrangements distiques[9], verticilles[10] sont décrits dans de nombreux traités de botanique à travers l'histoire. Par contre, le mode spirale, où les éléments sont disposés en toutes directions a longtemps posé problème : il était énoncé comme ne présentant pas d'ordre apparent. Le naturaliste suisse Charles Bonnet[11] décrit pour la première fois en 1754 cet arrangement au moyen d'une spirale tournant autour de la branche, et le long de laquelle les feuilles sont disposées régulièrement spirale génératrice. Il inaugure la phyllotaxie (*cf. Troisième partie chapitre 1*).

En 1830, les botanistes allemands Karl Friedrich Schimper et Alexander Braun remarquent que la phyllotaxie spiralée est associée à l'angle d'or et la suite de Fibonacci. Exprimant l'angle de divergence par une fraction de circonférence, ils constatent que les valeurs les plus fréquemment mesurées sont de 2 et 5, 3 et 8, 5 et 13,... Les dénominateurs et numérateurs de ces fractions sont des termes alternés de la suite de Fibonacci, mais en plus, ils sont des approximations du nombre Φ tel que $\Phi \times 360° = 137,5°$, l'angle d'or (*cf. Seconde partie, chapitre 1 D*).

Le mathématicien allemand Martin Ohm[12] est considéré comme le premier à avoir employé de

---

[9] Feuilles isolées se suivant le long de la tige à un demi-tour d'intervalle.
[10] Ensemble des ramifications secondaires apparaissant sur le même nœud de l'axe primaire d'un végétal. Le verticille est constitué par plusieurs organes disposés en rayons autour d'un axe ou d'un point central.
[11] Naissance : Genève 1720, Mort : Genthod 1793.

manière explicite le terme de *section dorée* pour décrire le nombre d'or.

3/ L'époque Contemporaine

Depuis le XXème siècle, de nombreuses recherches d'ordre essentiellement psychologique et esthétique ont été menées sur le nombre d'or.

L'origine de ce renouveau et de cette redécouverte fut insufflée par de grands théoriciens allemands, notamment Adolf Zeising et Gustav Theodore Fechner (*cf. Troisième partie chapitre 2*). Leurs travaux attirèrent l'engouement et l'enthousiasme de certains artistes comme le peintre Severini ou l'architecte Le Corbusier. Ce dernier fondera un système de proportions architecturales intitulé *Le Modulor* (*cf. Troisième partie chapitre 1*) qu'il publiera en 1945, et qui articulera ses constructions.

---

[12] Naissance : Erlangen 1792, Mort : Berlin 1872.

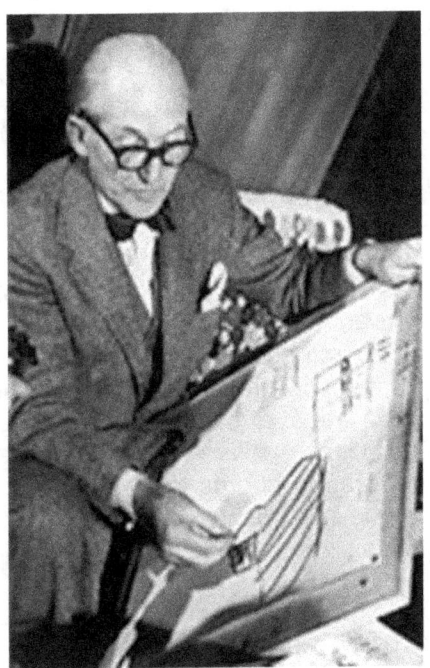

Photo de Le Corbusier

Chapitre 3 : La divine proportion

Imprimé à Venise en 1509 et ayant pour titre complet « *Œuvre nécessaire à tous les esprits perspicaces et curieux, où chacun de ceux qui aiment à étudier la philosophie, la perspective, la peinture, la sculpture, l'architecture, la musique et les autres disciplines mathématiques, trouvera une très délicate, subtile et admirable doctrine et se délectera de diverses questions touchant une très secrète science* », l'ouvrage *De divina proportione* détaille les treize effets de la division en *extrême et moyenne raison*. Dans ce traité de géométrie, Luca Pacioli souligne la prééminence des sciences mathématiques, discipline abstraite et subtile qui ouvre l'intelligence et permet de comprendre toutes les autres sciences.

A/ Une approche mathématique

Malgré son titre, *De divina proportione* est uniquement un ouvrage de mathématiques dans lequel Luca Pacioli reprend étroitement Euclide en clarifiant, expliquant et approfondissant les théories de ce dernier. Quarante-sept chapitres sont consacrés à toutes les particularités et caractéristiques des corps réguliers platoniciens. Allant plus loin dans la démarche, Luca Pacioli aborde les corps de soixante-douze bases, les corps oblongs, les colonnes polygonales et les diverses sortes de pyramides.

Fort de son étude d'Euclide et de son génie mathématique, Luca Pacioli expose la totalité du rôle joué par la *division en extrême et moyenne raison*. C'est elle seule qui à ses yeux permet de construire le *pentagone* et le *dodécaèdre*[13], et aussi d'inscrire les *cinq polyèdres réguliers* dans une sphère. Il sait que pour Platon, ils caractérisaient la création dans son ensemble : le *dodécaèdre* à lui seul représente l'Univers, le Cosmos. Il est donc le réceptacle de tous les autres[14].

---

[13] Polyèdre à douze faces.
[14] Feu = Tétraèdre, Air = Octaèdre, Eau = Icosaèdre (polyèdre composé de 20 triangles), Terre = Cube.

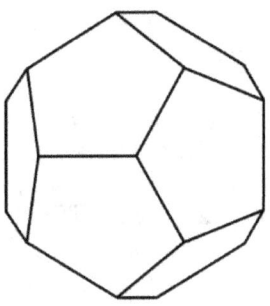

Le dodécaèdre

B/ Des attributs mystiques

N'oubliant pas son statut, sa situation de moine franciscain et professeur de théologie sacrée, Luca Pacioli ne peut s'empêcher de célébrer la « proportion » du nombre d'or en lui accordant des attributs liés à la foi. Nous trouverons ainsi dans l'ouvrage des phrases telles que : « Dieu a créé l'univers », de même « notre sainte proportion donne sa forme au dodécaèdre » ou encore : « Comme Dieu, cette proportion est unique, indéfinissable, mystérieuse, secrète, toujours la même et toujours invariable. Comme la Sainte Trinité, elle se retrouve en trois termes. Ainsi cette proportion « envoyée du ciel » ne peut être que divine».

De divina proportione est achevé en 1498. Pour sa publication de 1509, il lui sera ajouté deux appendices indépendants.

Le premier appendice est destiné aux architectes et aux sculpteurs. En vingt chapitres, Pacioli y traite des mesures et des proportions du corps humain, puis particulièrement les colonnes et leurs bases, les chapiteaux et les triglyphes.

Le deuxième appendice, ou *Libellus*, est daté de juin 1509. Luca Pacioli y propose les solutions à cent trente-neuf problèmes de géométrie plane ou dans l'espace. Il prolonge le travail d'Euclide (polyèdres réguliers inscrits les uns dans les autres ou dans la sphère, calculs des côtés, des surfaces, des volumes, etc).

Il est à noter que les illustrations de *De divina proportione* furent réalisées par Léonard de Vinci pour lequel Luca Pacioli eut une haute admiration et rendit un grand hommage.

Si Luca Pacioli avoue l'amour qu'il porte à la peinture, on peut se demander pourquoi *De divina proportione* ne se limite qu'aux mathématiques et ne propose pas d'application aux arts. D'autre part, pourquoi Léonard de Vinci n'apporte sa contribution que par la présentation des dessins des soixante corps réguliers. *De divina proportione* ne paraît être aucunement un ouvrage d'esthétique ; il évoque Dieu, non le beau.

Pour Léonard de Vinci, la beauté semble résulter de l'absence de quelconque disproportion, disharmonie, « désaccord ». Les termes employés comme « divine harmonie », « divine beauté », « divine proportion » ne recouvrent donc rien de mathématique et ne se réfèrent pas à une proportion géométrique. Par contre, ils témoignent de la conception d'une création artistique comparable à la création divine, l'artiste incarnant en quelque sorte Dieu.

Ainsi pour Luca Pacioli et Léonard de Vinci, la divine proportion ne semble aucunement dotée d'une valeur esthétique.

La divine proportion émane de l'artiste et de Dieu, et ne revêt pas une quelconque proportion géométrique. Elle apparaît post opératoire. Evidemment, si la présence du nombre d'or peut être démontrée dans une œuvre du « grand maître », y voit-on automatiquement une corrélation avec Dieu et une mystification…

De divina proportione ne semble pas avoir influencé la production artistique de Léonard de Vinci. D'ailleurs, L'homme Vitruvien (figure 5) dans lequel beaucoup s'accordent à voir actuellement la « divine proportion » fut dessiné avant sa rencontre avec Pacioli. Si le nombril est en effet bien au centre du cercle, par contre les autres divisions, bien visibles, se soumettent au carré : le sexe sur la médiane ; les genoux, les pectoraux, les coudes, sur des quarts ; l'attache des épaules sur des demi-quarts.

La corrélation de l'œuvre avec le nombre d'or s'est greffée ensuite. Inévitablement, avec une certaine exacerbation, tous les éléments de mystification étaient réunis. Il s'agissait de voir la divine proportion partout, d'autant plus dans toute œuvre émanant des génies...

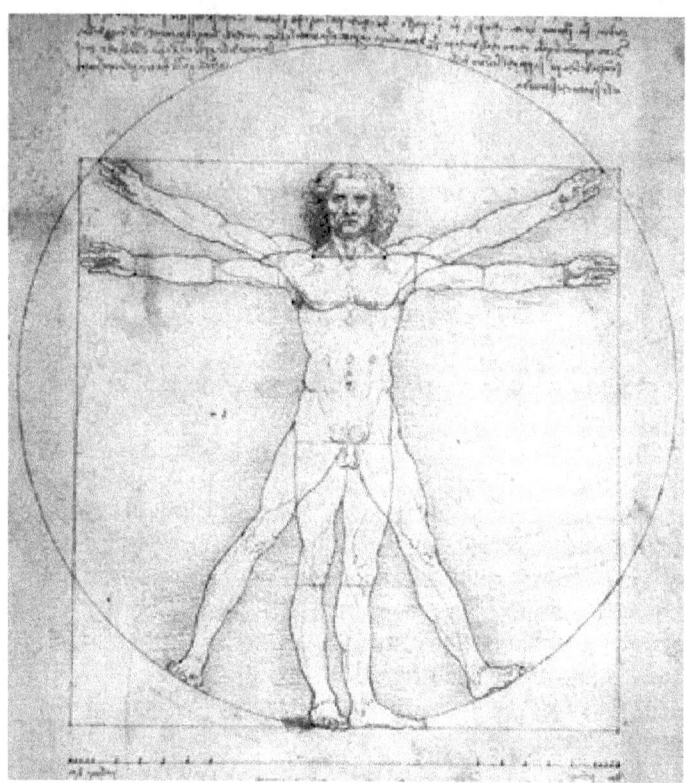

Léonard de Vinci : L'homme *Vitruvien* Fig. 5

SECONDE PARTIE : MATHEMATIQUE ET BEAUTE DU NOMBRE D'OR

Le nombre d'or « joyau de la géométrie » mérite une partie destinée à son caractère mathématique dont les qualités sont captivantes. Après son étude géométrique (*chapitre 1*), nous ferons apparaître ses propriétés à travers l'arithmétique et l'algèbre (*chapitre 2*) pour ensuite nous attarder sur des considérations d'esthétisme mathématique et leurs fondements (*chapitre 3*).

Chapitre 1 : La géométrie du nombre d'or

Etudions diverses et élémentaires structures géométriques, algébriques et arithmétiques liées au nombre d'or.

A/ Propriétés des décagones et pentagones réguliers

Sur un cercle de centre O et de diamètre AA', portons les points B et C définis par :

L'angle AOB =   36°
L'angle AOC = 108°

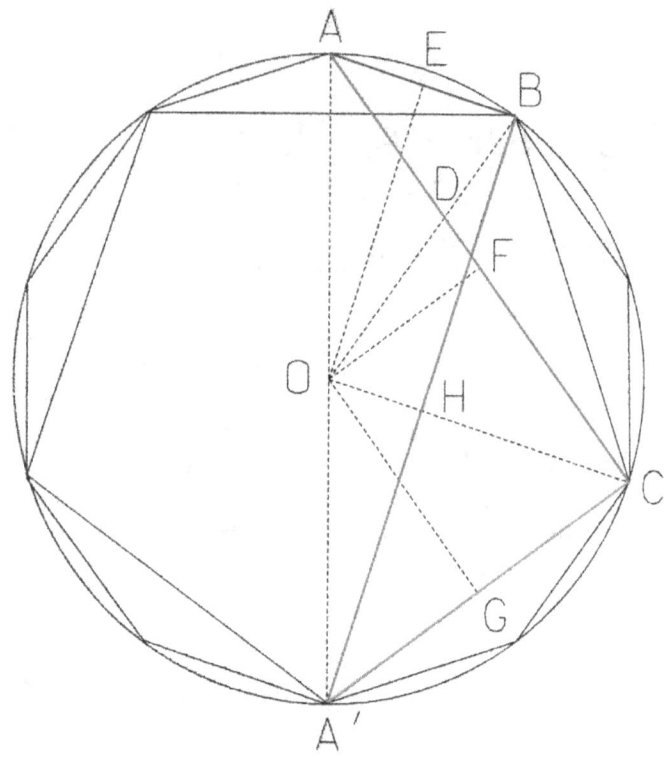

Fig. 6.

AB et AC donnent respectivement le côté du *décagone régulier convexe* et celui du *décagone régulier étoilé* inscrits dans le cercle de centre O.

De plus :
L'angle A'OC = 72° = l'angle BOC
L'angle A'OB = 144°

A'C et A'B donnent respectivement le côté du *pentagone régulier convexe* et celui du *pentagone régulier étoilé*.

Les quatre angles AOB, AOC, A'OC, A'OB sont des multiples entiers de *l'angle de 18°*, lequel peut être considéré comme un *module* dans la géométrie des *décagones et pentagones réguliers*.
Des relations simples sont mises en évidence entre les *côtés et apothèmes*[15] des quatre polygones.
-   l'apothème du décagone convexe (OE) est la moitié du côté du pentagone étoilé (A'B) ;
-   l'apothème du décagone étoilé (OF) est la moitié du côté du pentagone convexe (A'C) ;
-   l'apothème du pentagone convexe (OG) est la moitié du côté du décagone étoilé (AC) ;
-   l'apothème du pentagone étoilé (OH) est la moitié du côté du décagone convexe (AB).

L'angle AOB = 36°,
L'angle OAB = l'angle OBA = 72°

La droite AC – qui coupe OB en D – est bissectrice de l'angle OAB.

On en déduit que :
Les triangles ADO et DAB sont isocèles :
DO/DB = AO/AB   →   OB/OD = OD/DB

Cette relation est identique à la relation *(1)* (*cf. Première partie chapitre 1*). En conséquence :
OB/OD = Φ
OA/AB = Φ

---

[15] Perpendiculaire menée du centre d'un polygone régulier sur un de ses côtés.

Plus simplement, cela signifie que le *rapport du rayon de cercle au côté du décagone convexe inscrit est égal au nombre d'or*.

Les deux triangles isocèles ADO et AOC sont semblables, d'où :
AC/OA = OA/DA = Φ

B/ Rectangles et triangles rectangles

Les *rectangles* occupent une place privilégiée parmi les figures géométriques qui nous entourent, et tout particulièrement dans les œuvres d'art. Ils sont en effet commodes d'emploi aux dessinateurs comme aux constructeurs. Certaines formes de rectangles sont susceptibles d'être associées au *nombre d'or*.

1/ Généralités sur les formes des rectangles

Caractérisons une forme *quelconque* de rectangle par le rapport de la longueur du grand côté à celle du petit. Ce *coefficient de forme* sera désigné symboliquement par la lettre k.

Nous pouvons également considérer l'angle que fait la diagonale du rectangle avec son petit côté. Celui-ci sera désigné par la lettre a. Il existe la relation $tg\ a = k$. Elle permet de calculer a quand on connaît k et réciproquement.

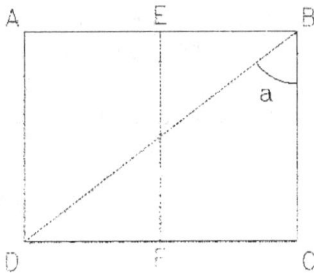

Fig. 7.

Prenons un rectangle ABCD (*figure 7*) de forme quelconque dont le rapport *k* est compris entre 1 et 2. Joignons par la droite EF les milieux des grands côtés. On détermine deux rectangles égaux, AEFD et BEFC.

En posant AB/AD = k_1 (coefficient de forme du rectangle ABCD) et en désignant par k_2 le coefficient de forme du rectangle AEFD, soit :
DA/DF = k_2
on établit :
$k_2 = 2/k_1$

Si nous prenons par exemple k_1= Φ = 1.618…
le calcul numérique conduit à $k_2 = 2/Φ = 1.236…$

Une forme de rectangle considérée peut ainsi tirer tout son intérêt de la forme de triangle à laquelle elle est liée.

<u>2/ Principaux rectangles du nombre d'or</u>

Etudions maintenant les formes mettant en relief le *nombre d'or* directement ou indirectement.

37

a- Forme où le nombre d'or apparaît directement

Nous trouvons 4 types de rectangle :

1/ Le *rectangle* Φ

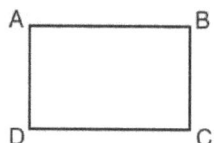

AB/AD = Φ

Le rectangle Φ est un rectangle dont le rapport du grand au petit côté est égal au *nombre d'or*. On la désigne fréquemment par les expressions de *rectangle doré* ou *rectangle d'or*.

2/ Le *rectangle* √Φ

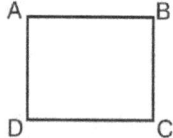

AC/AD = Φ
AB/AD = √Φ

Le *rectangle* √Φ est un rectangle dont le rapport de la diagonale au petit côté est égal au *nombre d'or*. En appliquant le théorème de Pythagore, le rapport du grand côté au petit côté – c'est-à-dire le coefficient *k* – est égal à √Φ.

3/ Le rectangle Parthénon

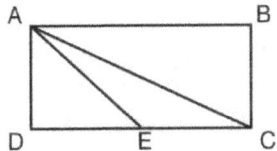

DE = EC
AC/AE = Φ

Le *rectangle Parthénon* est un rectangle dont le rapport de la diagonale, au segment de droite qui relie un sommet quelconque au milieu du grand côté opposé, est égal au *nombre d'or*.

4/ Le rectangle √5

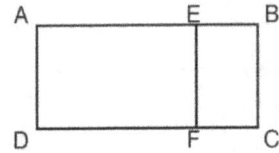

AE/AD = Φ
BC/BE = Φ

Le *rectangle* √5 résulte de la combinaison de deux rectangles d'or. Dans le cas présent le rapport AB/AD = √5

*b- Formes liées aux pentagones
et décagones réguliers*

Nous trouverons deux formes :

La forme A

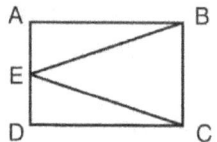

AE = ED
BE/BC = Φ

La forme B

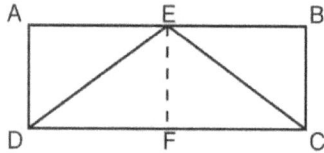

AE = EB
DC/DE = Φ

Les *formes A* et *B* qui viennent d'être considérées sont
représentées dans la figure 8.

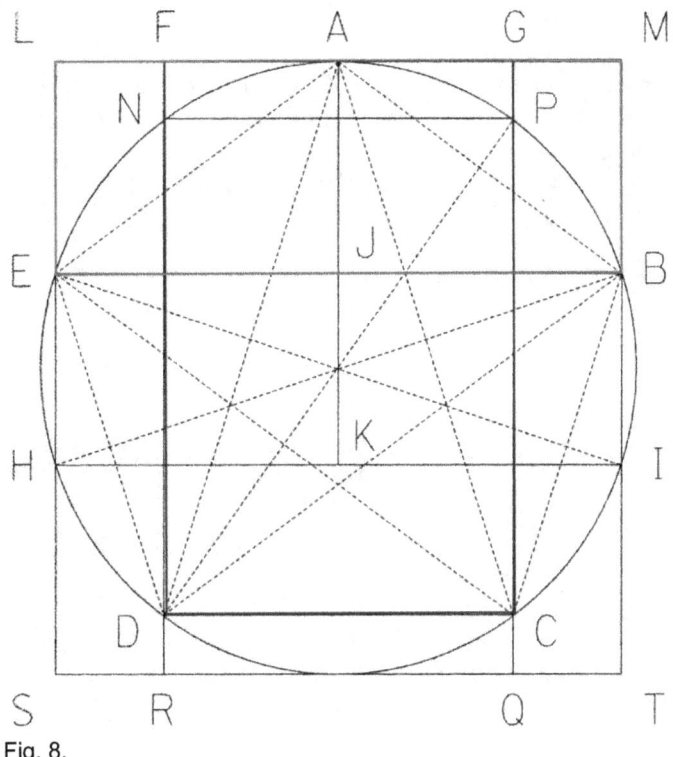

Fig. 8.

La *forme A* se retrouve dans le grand rectangle GCDF et les deux rectangles JEHK et JBIK.

La *forme B* apparaît dans le rectangle LMBE.

D'autres formes moins évidentes et plus compliquées sont représentées. Pour la clarté de l'exposé, il ne semble pas nécessaire de s'y attarder.

C/ Le *triangle d'or*

Prenons un triangle isocèle[16] et considérons que le rapport du sinus de l'angle opposé sur le sinus de l'angle adjacent est égal à Φ.

Nous obtenons un *triangle d'or* (*figure 9*). Ses angles mesurent 36° et 72°.

sinus 72°/ sinus 36° = Φ
AB / BC = Φ
AB sin 36° = BC sin 72°

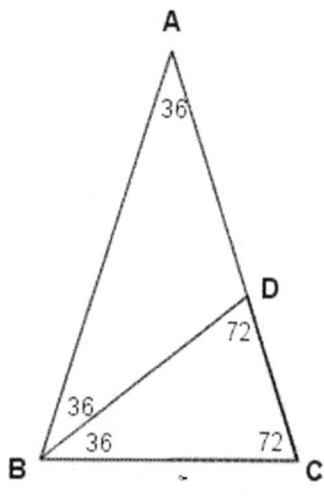

Le triangle d'or Fig. 9.

Le *triangle d'or* a aussi la particularité de pouvoir se répliquer à l'infini :

---

[16] Triangle ayant deux côtés de même longueur.

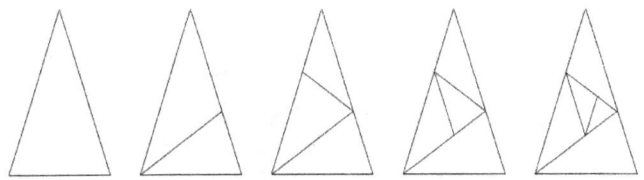

Réplication du triangle d'or

D/ L'*angle d'Or*

Prenons un cercle et divisons sa circonférence c en deux sections de sorte que :

a + b = c et c/a = a/b ou

c/a = Φ, a/b = Φ

L'angle formé par l'arc de cercle **b** est appelé *l'angle d'or* (*figure 10*). La mesure exacte en radians est :

-         2 π / Φ = 3.883 pour l'angle rentrant, soit 222,5°.

-         2 π / Φ+1 = 2,399 pour l'angle saillant, soit 137,5°.

43

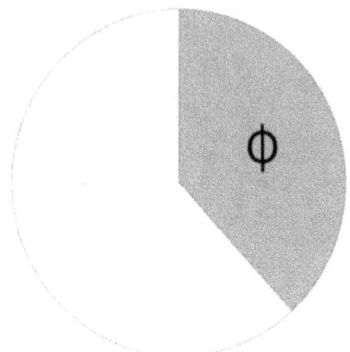

Angle d'Or Fig. 10.

On retrouve cet angle à plusieurs reprises dans la nature (*cf. Troisième partie chapitre 1*).

E/ Les Pavages de *Penrose*

Dans les années 1970, le mathématicien et physicien britannique Roger Penrose expose la théorie de pavages non périodiques caractérisables par des règles locales. Ils présentent une symétrie d'ordre 5 (invariance par rotation d'angle 2π/5 radian, soit 72 degrés) et ne sont pas périodiques. Ils sont cependant quasi-périodiques, c'est-à-dire que tout motif apparaissant dans le pavage réapparaît régulièrement. Plus généralement, toute portion finie du pavage, aussi grande soit-elle, se répète infiniment dans le pavage.

Il existe trois types de pavages dits « de Penrose[17] ».

---

[17] Les pavages de *Penrose* ont trouvé davantage d'intérêt en 1984, de par leur analogie avec les cristaux non-périodiques : les quasi-cristaux

Chacun comporte une infinité de variantes :

- Le premier type (T1) utilise comme pièces de base des pentagones, des losanges, des pentagrammes et des portions de pentagramme.

- Le second type (T2) a pour pièces de base deux quadrilatères, l'un convexe, l'autre concave, connus comme « cerfs-volants » et « fléchettes ».

- Le troisième type (T3) a pour pièces de base deux sortes de losanges, « fins » et « gros ».

Les pièces de T2, « cerfs-volants » et « fléchettes », sont obtenues respectivement par le collage de deux triangles d'or aigus de côtés proportionnels et de deux triangles d'or obtus de côtés proportionnels (*figure 11*).

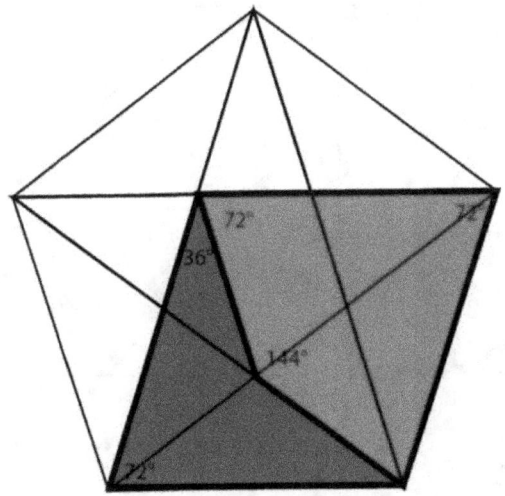

Construction du modèle dit « fléchettes » et « cerf-volant » Fig.11.

F/ Carrés additifs et *spirale d'or*

Construisons un *rectangle d'or* ABCD, avec AB = 1 et BC = Φ (*figure 12*) puis traçons le carré ABA'D'. On obtient un *rectangle d'or* A'B'C'D' de côtés 1/Φ et 1.

On réitère l'opération pour obtenir un rectangle A"B"C"D" et ainsi de suite... et de même avec des carrés extérieurs ; la *spirale d'or* est formée de quarts de cercles successifs inscrits dans chaque carré.

Les diagonales BD et CD' se coupent au même point O qui est le point limite de la spirale.

Les droites AA" et A'A''' sont orthogonales et se coupent en O.

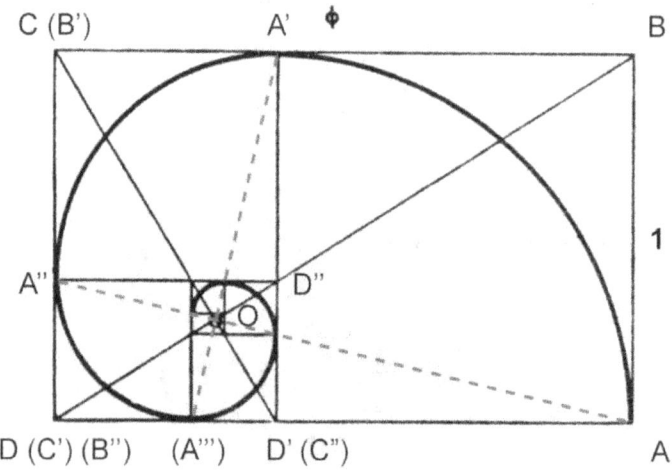

La spirale d'or Fig. 12.

La spirale d'or possède une propriété « *eadem mutata resurgo*[18] » partielle, à savoir qu'elle est invariante par la similitude de centre O, de rapport Φ et d'angle $\pi/2$; elle approche donc d'une vraie *spirale logarithmique* avec m défini par $e^{m\pi/2} = \Phi$, donc d'équation polaire $\rho = a\Phi^{(\Phi/(\pi/2))}$ laquelle passe par les points A, A', A", A''', etc...

Chapitre 2 : Les nombres de Fibonacci

Φ est associé à toute suite d'entiers formée suivant la loi qui veut que tout terme soit la somme des deux termes précédents, quels que soient ces deux premiers termes :

$u_{n+1} = u_n + u_{n-1}$. Plus n augmente, plus le rapport des termes successifs u_{n+1}/u_n se rapproche de Φ. Prenons un exemple avec 5 et 2, soit respectivement u_1 et u_2. Nous obtenons la série :

5, 2, 7, 9, 16, 25, 41, 66, ... 280, 453, 733, 1186, ..., 13153, 21282, 34435, ...

$u_3 = u_2 + u_1$; $u_4 = u_3 + u_2$; $u_6 = u_5 + u_4$

à partir de laquelle nous pouvons déterminer les approximations de Φ :

$16/9 = 1.7777...$
$41/25 = 1.64$
$453/280 = 1.6178...$
$733/453 = 1.6181...$
$34435/21282 = 1.6180...$

Au fur et à mesure de la progression, nous nous rapprochons toujours davantage de la valeur

---

[18] déplacée (mutata), je réapparais (resurgo) à l'identique (eadem).

« fatidique » de Φ = ½ (1+√5). Les approximations oscillent, leurs valeurs étant alternativement inférieures et supérieures à Φ.

En commençant par les termes les plus simples, nous obtenons la *suite de Fibonacci* :
1, 1, 2, 3, 5, 8, 13, 21, 34, 55, 89, 144, 233, 377...

A/ Une illusion géométrique

Une vieille illusion géométrique a servi à illustrer la relation entre Φ et la *suite de Fibonacci*.

Prenons par exemple les termes suivants de la *suite de Fibonacci* : 5, 8, 13, 21. Dessinons un carré dont le côté a une longueur égale à la somme des deux premiers nombres consécutifs de la suite, puis divisons-le en sections correspondantes à cette même suite. Dessinons ensuite un rectangle dont le plus grand coté est de deux termes supérieur au petit côté (*figure 13*). Les surfaces du carré et du rectangle diffèrent alors d'une unité. Suivant les *nombres de Fibonacci* choisis, la surface de l'un ou de l'autre est plus grande. Dans l'exemple le carré est plus grand que le rectangle d'une unité. Si, par exemple on avait choisi 21 (21^2 = 441) et 13-34 (13x34 = 442), on aurait obtenu un rectangle plus grand d'une unité que le carré. Comme défini auparavant, les rapports successifs d'une suite additive sont alternativement supérieurs et inférieurs à Φ. Le paradoxe disparaît lorsque l'on se rend compte que les diagonales des rectangles ne sont pas exactement ajustées.

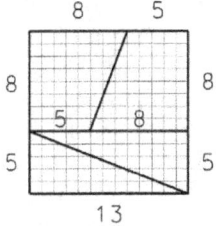

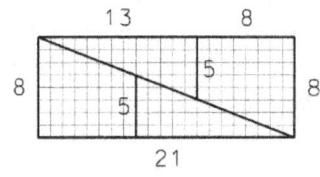

Surface = 13 x 13 = 169   Surface = 8 x 21 = 168

Fig. 13.

B/ La *suite d'or*

Toutefois, il existe une suite (et une seule) fonctionnant avec une exactitude absolue. Il s'agit de la suite d'or, constituée à partir de la section dorée :
1, Φ, 1+Φ, 1+2Φ, 2+3Φ, 3+5Φ, …

En construisant un carré dont le coté est égal à la somme de toute paire de nombres consécutifs de cette suite, le résultat sera parfaitement exact. Les surfaces du carré et du rectangle seront identiques.

En suivant la même méthode que dans la *section A* précédente, prenons la suite :
1+Φ, 1+2Φ, 2+3Φ.

Nous savons que :
$Φ^2 = Φ+1$.

Nous aurons donc :
Surface du carré : $(1+2Φ)^2 = 5+8Φ$
Surface du rectangle : $(1+Φ)(2+3Φ) = 5+8Φ$

La *suite d'or* associe les qualités d'une *suite additive* - réunissant trois termes consécutifs suivant la formule :

$u_{n+1} = u_n + u_{n-1}$ - et d'une *suite géométrique* dans laquelle le rapport de tout terme au terme précédent est une constante (u_{n+1}/u_n = constante pour toute valeur de *n*). Elle est la seule suite à combiner ces deux données de base : 1, Φ, 1+Φ, 1+2Φ, 2+3Φ, 3+5Φ, ...

Elle possède la première propriété mais aussi la seconde du fait que Φ est une solution de l'équation $x^2 - x - 1 = 0$, de telle sorte que $1 + \Phi = \Phi^2$.

La *suite d'or* peut aussi s'écrire : 1, Φ, Φ^2, Φ^3, Φ^4.

C/ Temporalité et intervalles

La notion de jugement artistique et/ou esthétique est directement liée au thème philosophique *nature et culture* ; l'inné - naturel, issu de l'inconscient - et l'acquis - exigeant une éducation, une formation se développant par la pratique.

Prenons par exemple le plaisir que suscite un rythme simple et qui n'exige aucune éducation. Participant de l'héritage universel de l'humanité, ce rythme est tout aussi familier au nouveau-né qu'à l'homme primitif. Cependant, l'auditeur n'appréciera pleinement la valeur artistique des thèmes rythmiques complexes musicaux, que si son oreille y est formée.

Ainsi, existe-t-il en mathématiques et en musique des objets simples qui ne demandent, pour être jugés dans leur beauté, qu'un minimum de formation artistique ?

En mathématiques, ce sont par exemple le cercle, l'ellipse, le carré. En musique, les intervalles[19] simples peuvent stimuler une réponse émotionnelle chez l'auditeur n'ayant pourtant bénéficié que d'une formation sommaire.

1/ Le *rectangle d'or*

De nombreux tests « psycho perceptifs[20] » sur des échantillons de population ont montré que les rectangles dont le rapport est exactement ou approximativement égal à Φ procurent plus de satisfaction que les autres. Pourquoi le *rectangle d'or* suscite plus d'émotion ou est-il préféré aux autres rectangles (*figures 14 et 15*) ?

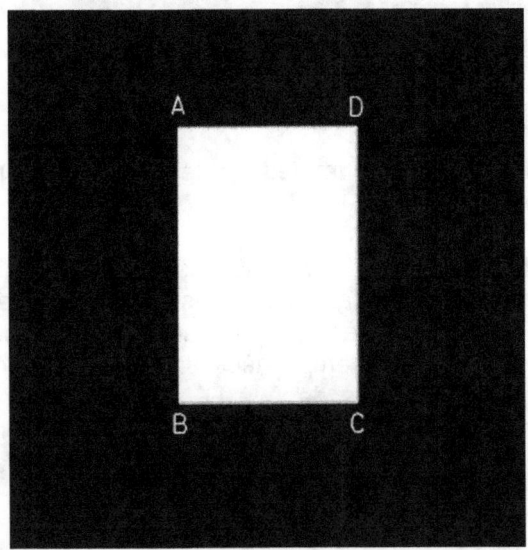

Rectangle quelconque Fig. 14.

---

[19] Distance qui sépare deux sons.
[20] notamment l'approche multidimensionnelle de l'analyse subjective (MDS).

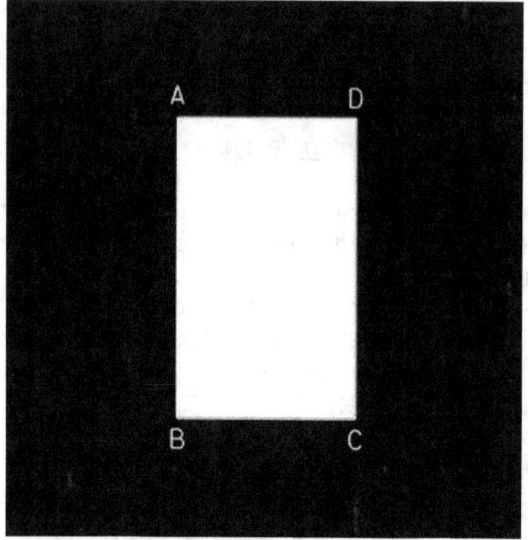

Un rectangle d'or Fig. 15.

Quelle est l'expérience immédiate de celui qui observe le *rectangle d'or* ?

Voir, estimer les longueurs relatives des deux côtés d'un rectangle revient à mesurer instinctivement deux *temps*. Ce qui est appréhendé inconsciemment, c'est le rapport de ces deux temps nécessaires à l'œil pour passer de A à B, puis de A à D. Ainsi l'expérience d'une *distance* se réduirait à l'expérience plus évidente d'un temps. Le rapport des deux durées correspondant aux deux longueurs AB/AD = Φ serait source de plaisir...

2/ Hauteurs et intervalles des sons

Une large part de la musique s'organise sur des intervalles entre les notes. En étudiant la « gamme naturelle » également appelée « gamme de Zarlin[21] », il paraît intéressant d'analyser ces intervalles selon leur rapport de fréquence.

Exemple : Do ≈ 264 Hz et Do_2 ≈ 528 Hz.

INTERVALLE DE FREQUENCE	RAP-PORT	NOTES (ex)	Fréquences	RAPPORT GEOMETRIQUE
Unisson Juste[22]	1	Do – Do	264 Hz – 264 Hz	Carré
Tierce Majeure	5/4	Do - Mi	264 Hz – 330 Hz	
Quinte juste	3/2	Do - Sol	264 Hz – 396 Hz	
Sixte mineure	**8/5**	**Do – La^b** **Mi – Do_2**	**264 Hz – 418 Hz** **330 Hz -** **528 Hz**	**≈ Rectangle d'or**
Sixte Majeure	5/3	Do - La	264 Hz – 440 Hz	
Octave Juste	2/1	Do – Do_2	264 Hz – 528 Hz	Double rectangle

Nous remarquons que l'unisson (1/1), l'octave (2/1), la quinte juste (3/2), la sixte Majeure (5/3) appartiennent à la *suite de Fibonacci*.

Certains intervalles sont plus « recevables » pour l'oreille et l'esprit parce qu'ils sont plus harmonieux, ont

---

[21] Gioseffo Garlino (1517-1590). Théoricien de la musique certainement le plus important depuis Aristoxène jusqu'à Rameau.
[22] L'intervalle juste est une notion de solfège concernant l'unisson, la quarte, la quinte et l'octave. Un intervalle est dit « juste » lorsqu'il n'est ni augmenté ni diminué (respectivement + et - ½ ton).

davantage d'harmoniques communs, sont consonants[23]. C'est notamment le cas de deux d'entre eux : l'octave et la tierce Majeure.

En considérant le rapport de fréquence tendant vers Φ, étudions la sixte mineure. Elle s'associe à la Tierce Majeure dans la décomposition de l'Octave Juste (*Do – Do$_2$*) soit : Octave Juste = Tierce Majeure (*Do - Mi*) + Sixte mineure (*Mi - Do$_2$*). Or, la Tierce Majeure pure présente des caractéristiques acoustiques remarquables et joue un rôle primordial dans la musique occidentale, référence dans la recherche et la connaissance de l'émotion produite par les accords, notamment dans la musique symphonique. La Sixte mineure s'articule ainsi sur un intervalle d'un grand équilibre sonore, plein, à la fois clair et doux, considéré comme la base du tempérament mésotonique[24], et elle en tire toute sa beauté. Pour mieux la cerner, écoutons par exemple le *Kintertotenlieder* « oft dank ich, sie sind nur ausgegangen » de Gustav Mahler, et laissons-nous bercer par la tension émotionnelle qu'elle véhicule.

---

[23] Affinité entre deux ou plusieurs sons d'où résulte la tendance à une certaine fusion. Le physicien et physiologiste allemand Helmholtz a rendu compte de la *consonance* par l'absence de battements entre deux harmoniques.
[24] Dans la gamme ou tempérament dit « mésotonique », tous les tons sont égaux à une valeur médiane. Les tempéraments mésotoniques ont été utilisés à la fin de la Renaissance et pendant toute la période baroque.

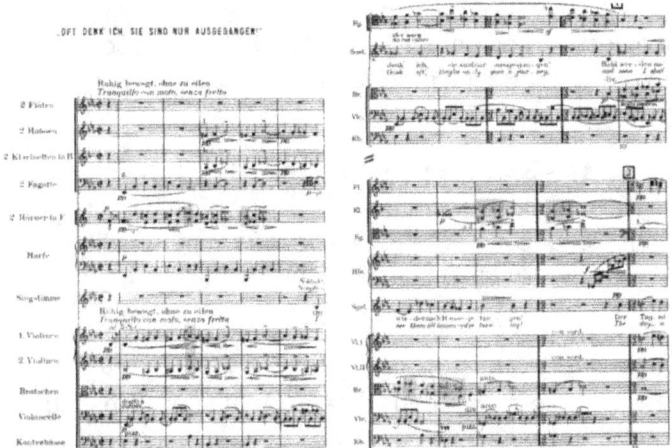

Extrait Partition : *Kindertotenlieder* "oft dank ich, sie sind nur ausgegangen" de Gustav Mahler. (Intervalles de sixte mineure surlignés en rose) Fig. 16.

Chapitre 3 : La beauté en mathématiques

Nous entendrons par « beauté mathématique » le sentiment esthétique provoqué par un théorème, une expression algébrique, etc, qui du fait même de ce sentiment est considéré comme un bel objet.

Lors de l'étude d'une figure géométrique par exemple, on découvre une série de vérités jusque-là insoupçonnées. Chacune de ces découvertes comporte, à un degré différent et plus ou moins élevé, une expérience de la beauté. Cette étude est une activité agréable.

Il existe un goût littéraire ou artistique. Pourquoi n'existerait-il pas un goût scientifique ? Nous accédons là à une beauté en partie objective.

A/ Beauté et vérité

Il semble que dans le domaine des mathématiques, beauté et vérité soient étroitement liées.

L'utilité suprême de la beauté pour la psyché humaine réside dans sa fonction de *stimulus* de l'activité créatrice, elle-même considérée comme l'une des plus grandes satisfactions mentales.

Le sentiment de beauté provoque une effervescence cérébrale capable d'engendrer de nouvelles idées, révéler d'autres perspectives, et de servir de guide sur le chemin de la vérité.

Ainsi, la beauté mathématique peut-elle revêtir le parfait outil d'élévation de l'homme vers la divinité et/ou la connaissance suprême ?

B/ Musique et mathématiques

L'appréhension de la beauté mathématique peut être facilitée en la comparant à l'amour de la musique. D'ailleurs, Platon y attachait une grande importance en considérant qu'elle révèle des idéalités, des rapports mathématiques. La mélodie et l'harmonie éveillent naturellement des émotions archaïques enfouies dans la mémoire, et il semble que certaines expériences humaines primordiales se rattachent à des traits musicaux familiers.

La musique est le langage le plus raffiné de l'inconscient, mais sa syntaxe et sa grammaire sont loin d'être fantaisistes. Leurs grandes lignes sont dictées par l'organisation profonde de l'esprit, dont la structure actuelle est le produit d'une longue évolution elle-même liée à l'environnement.

Comme pour la musique, la beauté mathématique est attachée aux souvenirs inconscients. Même si l'une est dynamique et l'autre statique, le plaisir esthétique paraît cependant avoir la même source dans les deux cas. Les mathématiques évoqueront également de tendres souvenirs émotifs qui, à travers les âges se sont enfouis de plus en plus profondément dans l'inconscient. La remémoration de ces souvenirs évoque leur familiarité et procure un incontestable sentiment de plaisir.

C/ Les composantes de la beauté

Quand on arrive à une conclusion mathématique frappante sans l'avoir prévue, d'anciennes émotions sont ravivées. La découverte de la *série de Fibonacci* dans une forme géométrique en est un exemple.

On peut prendre un réel plaisir sensuel à la géométrie. En effet, l'œil qui caresse les nombreuses courbes harmonieuses de la nature en éprouve une tendre satisfaction que n'ignoraient pas nos ancêtres et qui a laissé sa marque dans l'inconscient collectif[25]. Le

---

[25] En acceptant l'hypothèse de son existence, les processus que l'homme a élaborés en réaction à son environnement depuis des millions d'années ont déposé un « limon » dans lequel la psyché est profondément et solidement ancrée. Les expériences

regard humain, depuis des millénaires, a suivi certaines courbes : l'horizon marin, la crête des dunes, l'arc-en-ciel, les pentes vallonnées, les sinusoïdales des vagues, la course d'une étoile filante...

Cette volupté rejoint la joie esthétique que l'on éprouve devant les belles formes de la géométrie. Les plaisirs esthétiques primordiaux trouvent leur racine dans l'héritage culturel de l'humanité.

L'une des émotions humaines fondamentales est la sensation d'émerveillement mais aussi de crainte devant l'infini. Depuis des millénaires l'homme a sondé les profondeurs de l'espace. Celui-ci est pour l'homme un concept émotionnellement très chargé[26]. La musique a le pouvoir de raviver cette émotion, les mathématiques de même. Certains théorèmes produisent une troublante sensation de mystère, leur beauté s'accompagnant tout d'abord d'une impression d'impuissance à expliquer de si remarquables résultats.

Néanmoins, apprécier la beauté mathématique est, pour sa grande part, un goût que l'on acquiert. Pour voir, l'œil doit être exercé à voir. Combien de belles choses lui échappent parce qu'il n'a pas reçu la formation nécessaire ? Et sans doute le plus exercé des mathématiciens reste lui-même insensible à de

---

de toutes les générations passées, répétées des millions de fois et structurellement mémorisées, s'impriment avec de plus en plus de force dans le cerveau au fur et à mesure qu'elles se transmettent à travers les siècles, et réapparaissent au plus profond de chaque être quelquefois avec une virulence éphémère, parfois transcendante...

[26] Depuis la période préhistorique avec notamment les édifices de *Stonehenge,* et ensuite les civilisations précolombiennes, l'homme a toujours exacerbé cette fascination pour le cosmos...

multiples splendeurs qui se dérobent à son regard perçant.

Il existe une inégalité entre les individus ou autres êtres vivants devant l'environnement et la beauté de celui-ci. Certains ont sûrement les yeux plus pénétrants, et quelques animaux encore plus. Quelques-uns des êtres vivants voient certainement des beautés que l'humain est incapable d'apprécier.

Il n'y a pas si longtemps, les occidentaux trouvaient insignifiantes les cultures amérindiennes, hideuses les montagnes, déplaisantes les îles tropicales, étaient obtus à la richesse de la biodiversité. Alors, dans les siècles à venir, ne se pourrait-il pas que nous vienne une âme qui voie des beautés jusque-là « inconcevables » ?

Partie III : Le nombre d'Or et l'expérience esthétique

TROISIEME PARTIE : LE NOMBRE D'OR ET L'EXPERIENCE ESTHETIQUE

La théorie n'étant rien sans la pratique, nous scruterons et étudierons les différents domaines, situations, éléments, objets où l' « application du nombre d'or » se montre observable, visible, réaliste, étonnante, fascinante...

De l'observation du *nombre d'or* dans la nature (*chapitre 1*), nous nous intéresserons à l'étude des diverses esthétiques et leurs théories scientifiques (*chapitre 2*) pour ensuite nous pencher sur l'expérience de la *section d'or* dans les arts (*chapitre 3*).

Chapitre 1 : Le nombre d'or dans la nature

En contemplant notre environnement immédiat, nous réalisons que le nombre d'or et les approximations de *Fibonacci* sont mises en œuvre dans l'univers et la nature elle-même, que ce soit dans le milieu végétal comme animal.

Il est indispensable de garder en mémoire le fait que l'apparence de la beauté ne dévoile qu'une part infime de la splendeur qui s'y dissimule. Les mathématiques ne se donnent pas en surface ; il faut les découvrir...

A/ L'espace

Mise en relief par la cosmologie la plus récente, l'analyse des données collectées par le satellite WMAP (*Wikinson Microwave Anistropy Probe*) montrerait que la forme la plus probable de l'univers serait un dodécaèdre[27] (*figure 17*). Elle concorderait avec la certitude de Platon selon laquelle « le *dodécaèdre* à lui seul représente l'Univers ». Cette corrélation de la mathématique avec la philosophie la plus quintessentielle, et cela dans un domaine clé de l'ontologie[28], nous interpelle. Quelquefois, perdant de sa substance illuminatrice dans la société actuelle en manque de spiritualité, de recherche et de création, une telle découverte du nombre d'or directement corrélé à la forme de l'univers, ravive son mythe et la perfection de sa mathématique qui, si parfaite, en devient métaphysique... Le nombre d'or s'inscrirait une

---

[27] Espace dodécaédrique de Poincaré.
[28] Spéculation sur l'être en tant qu'être, sur l'être en soi.

fois de plus comme l'une des clefs de la tant recherchée « loi universelle »...

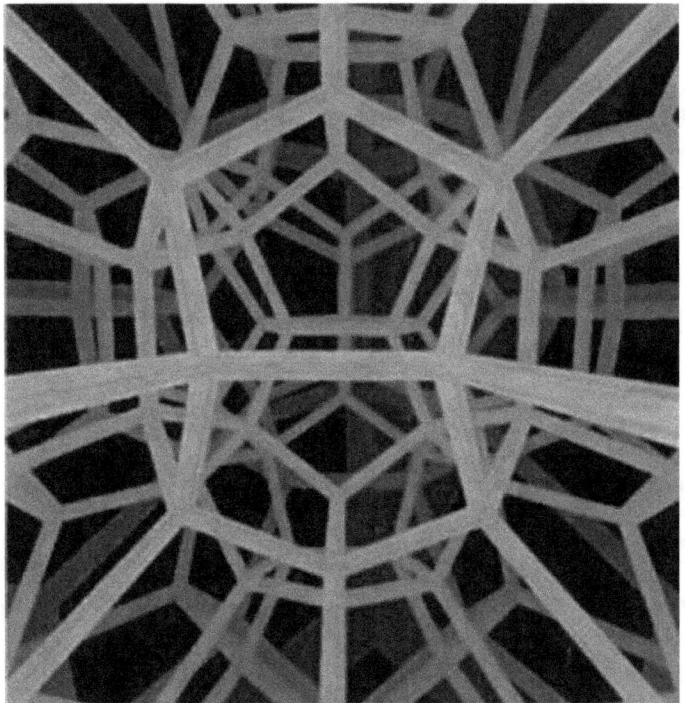

Espace de Poincaré vu de l'intérieur (cea) Fig. 17.

B/ L'essence vitale

En étudiant un brin d'ADN[29], molécule de base de la vie que l'on retrouve dans toutes les cellules vivantes et qui renferme l'ensemble des informations nécessaires au développement et au fonctionnement d'un organisme vivant, nous faisons la prodigieuse

---

[29] acide désoxyribonucléique.

découverte d'y voir le nombre d'or dans ses dimensions. D'un cycle long de 34 sur 21 Angstrom[30] de largeur, la première ébauche de la *suite de Fibonacci* apparaît. En allant plus loin, nous observons que les deux spirales constituant la molécule s'organisent sur un cycle mineur et majeur, respectivement de 13 et 21 Angström.

La molécule d'ADN s'articule ainsi sur les 3 nombres de la suite de Fibonaccci : 13, 21, 34 (*figure 18*)

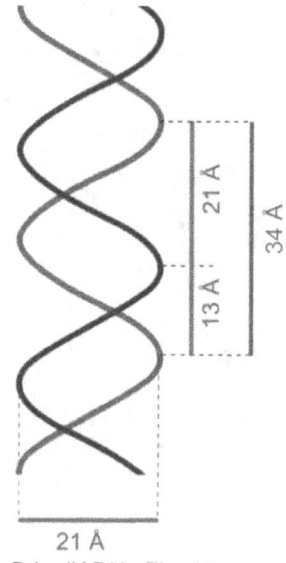

Brin d'ADN   Fig. 18.

En coupant transversalement la molécule, nous découvrons un décagone (*figure 19*).

---

[30] 10^{-10} mètre = 0,1 nanomètre = 100 picomètres.

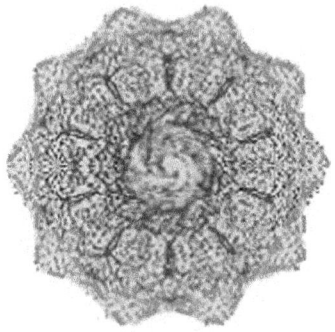

Fig. 19.

C/ Le règne végétal

En étudiant par exemple les fleurs comportant dans leur majorité *cinq* pétales régulièrement répartis et parfois *dix* (parfois groupés de façon à constituer cinq groupes de deux), le doux murmure de la présence du nombre d'or se fait entendre.

Examinons la façon dont les feuilles sont disposées par rapport à la tige.

1/La phyllotaxie

Branche de la botanique, la phyllotaxie étudie l'agencement des feuilles sur la tige des plantes. On parle de *divergence de la feuille* pour décrire l'écartement angulaire entre deux feuilles successives sur la tige, mesuré par une hélice allant de la racine de la plante jusqu'à son sommet (*figure 20*).

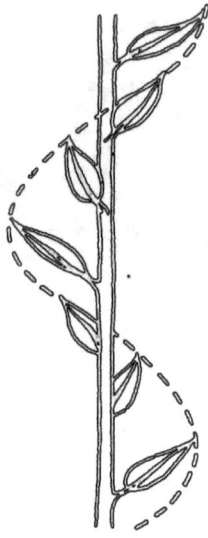

Fig. 20.

On établit ensuite le rapport du nombre de tours de l'hélice sur le nombre d'extrémités qu'elle rencontre (à l'exclusion de la première). La fraction résultante caractérise alors la *divergence* des feuilles de la plante. Elément émerveillant : les numérateurs et dénominateurs de cette fraction tendent à appartenir à la suite de Fibonacci : 1/2 ; 1/3 ; 2/5 ; 3/8 ; 5/13 ; 8/21 ...

Ces fractions sont les convergentes de la fraction continue :
1/2 + (1/1+) (1/1+) (1/1+) ...
Si nous prolongeons cette fraction continue à l'aide d'un nombre infini de termes, elle converge vers Φ^{-2} qui est l'inverse de Φ^2.

$\Phi = 1 / \Phi^{-1} = (1+\Phi) / \Phi = 1.618034...$, et $\Phi^{-2} = 0.38197...$

Certains chercheurs avancent un argument évolutionniste[31]. La disposition des feuilles selon *la spirale d'or* (*cf. Seconde partie chapitre 1*) permettrait aux plantes de bénéficier de la meilleure exposition possible au soleil, d'où une meilleure croissance ainsi qu'une meilleure résistance vitale.

2/ L'exemple du Tournesol

Quand nous regardons le cœur d'un tournesol (*figure 21*), nous remarquons que les fleurons qui le composent forment deux familles de spirales. Une première famille qui s'éloigne du centre dans le sens horloger, et une seconde famille dans le sens anti-horloger.

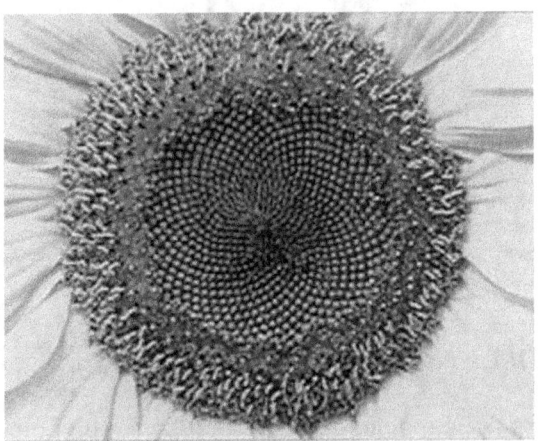

Le cœur d'un Tournesol Fig. 21.

---

[31] Ensemble des théories explicatives de l'évolution des espèces au cours des âges. Les espèces évoluent en adoptant des caractères acquis par les individus au cours de leur vie et par la sélection du plus apte (sélection naturelle) d'entre eux. Ses principaux théoriciens furent Jean Baptiste Lamarck (1744-1829) et Charles Darwin (1809-1882).

Chaque fleuron constitue l'intersection d'une spirale de chaque famille. Le nombre de fleurons des spirales du premier type et du second type sont constants, et sont deux nombres adjacents de la *suite de Fibonacci* : 21 dans un sens et 34 dans l'autre.

3/ La Grenade

En schématisant la graine exalbuminée[32] à tégument charnu issu du grenadier (*figure 22*), nous nous apercevons qu'elle est arrangée sur la forme géométrique du dodécaèdre.

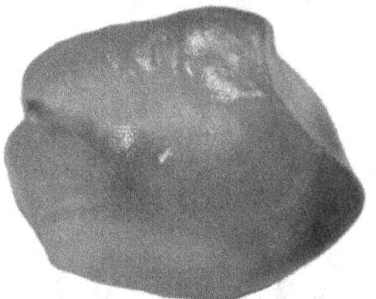

Le Grain de Grenade Fig.22.

D/ Le règne animal et l'homme

Penchons-nous maintenant sur la présence du nombre d'or chez l'animal et l'homme.

---

[32] Graine ou embryon dépourvu d'albumen.

1/ L'animal

En regardant et étudiant divers animaux et leur squelette, nous pouvons remarquer des formes ou structures liées à l'évidence au *pentagone régulier étoilé.* Nous citerons par exemple l'étoile de mer et l'oursin (*figure 23*).

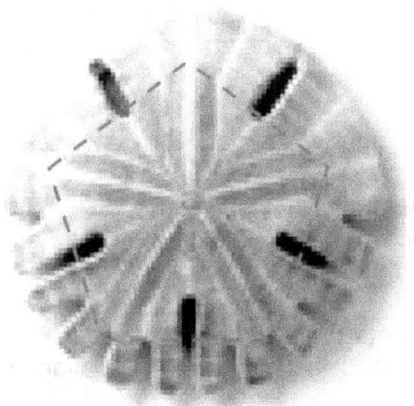

L'oursin Fig. 23.

2/ L'homme

De l'Antiquité à l'époque contemporaine, le nombre d'or a souvent été évoqué en étudiant le corps humain.

a- *L'antiquité*

Dès la plus lointaine antiquité, les observateurs avaient remarqué :
- que le rapport de la hauteur totale du corps humain à la hauteur du nombril - rapport que nous désignerons par la lettre R - est égal au *nombre d'or.*

- que le rapport de la première phalange à la deuxième, ou de la deuxième à la troisième, est lui aussi égal au *nombre d'or...*

Le haut de la tête et les extrémités des quatre membres sont disposés aux sommets d'un *pentagone régulier étoilé* inscrit dans un cercle. Le nombril est *très* légèrement en dessous du côté horizontal du pentagone. Approximativement, il divise le diamètre vertical du cercle (sensiblement égal à la hauteur du corps) suivant une valeur du rapport R égal à 5/3 ou très voisin de ce nombre.

Une autre valeur de R est parfois avancée : 8/5.

On remarque que les deux rapports 5/3 et 8/5, qui encadrent le nombre Φ, figurent dans la série traditionnelle de *Fibonacci*.

L'analyse de la pyramide de Khéops et de ses méthodes constructives montre l'utilisation précise et apparemment systématique de la coudée, dont la mesure est directement liée à π[33]. En effet, nous remarquons qu'elle est égale à 0.5356 soit équivalente à $\pi/6$. De cette relation nait un élément troublant :

$$\pi - \pi/6 = \Phi^2$$

Ainsi, il est tout à fait vraisemblable que les Egyptiens connaissaient pi et le nombre d'or.

---

[33] L'égyptologie conventionnelle réfute cette théorie.

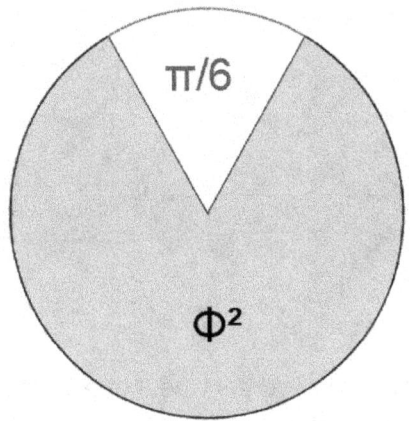

Cercle et coudée Fig.24.

b- Le Moyen-Age

Au Moyen-Age, les bâtisseurs des cathédrales utilisaient en guise de « mètre » ce qu'ils appelaient une « pige » pliante. Elle était constituée de cinq tiges articulées, correspondant chacune aux cinq mesures du corps humain (*figure 25*) :

- A : la paume = 34 lignes[34]   = 7,64 cm
- B : la palme = 55 lignes   = 12,36 cm
- C : l'empan = 89 lignes   = 20 cm
- D : le pied = 144 lignes   = 32,36 cm
- E : la coudée = 233 lignes   = 52,36 cm

---

[34] Unité de base égale à 2,247 mm.

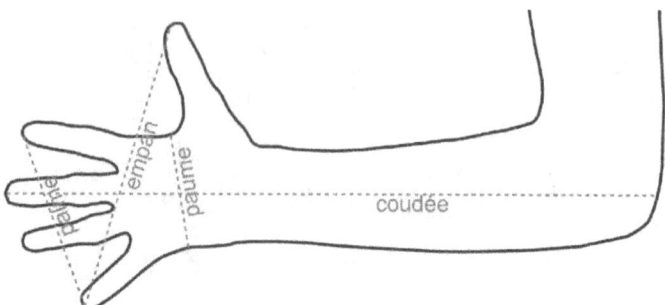

Fig. 25.

Nous pouvons représenter ces mesures sur le pentagone (*figure 26*).

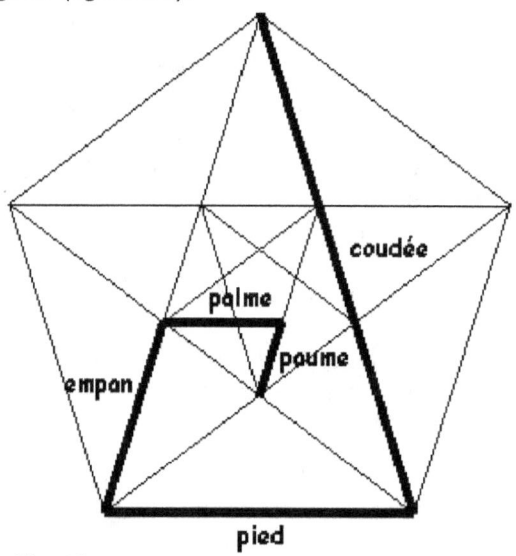

Fig. 26.

A Φ = B, B Φ = C, C Φ =D, D Φ = E

Nous pouvons aussi l'écrire de la manière suivante :
A = 1/Φ², B =1/Φ, C=1, D = Φ, E = Φ²

Ces cinq mesures mettent immédiatement en relief la *suite de Fibonacci* et l'affirmation de façon empirique de la présence de Φ dans l'anatomie du corps humain. La main articulée sur le nombre d'or dans l'édification des cathédrales est une belle symbolique. Elle s'harmonise gracieusement dans la transcendance du sentiment religieux.

A+B+C+D+E = 124,72 cm soit une *enjambée*

c- L'époque Moderne

Le Corbusier, architecte, peintre et théoricien, reprend les théories antiques des proportions du corps humain avec le nombre d'or, et crée tout un système qu'il appelle *Modulor*. Son idée est simple : adapter parfaitement l'espace architectural à l'homme. Il part du corps humain, en divise la hauteur totale, depuis les pieds jusqu'à la main du bras levé, en deux parties égales au niveau du nombril, et il pose comme postulat que cette hauteur totale est divisée selon la *section d'or* au niveau du poignet du bras pendant. De même, la distance entre les pieds et le haut de la tête est aussi divisée selon la *section d'or*, dans ce cas au niveau du nombril (*figure 27*).

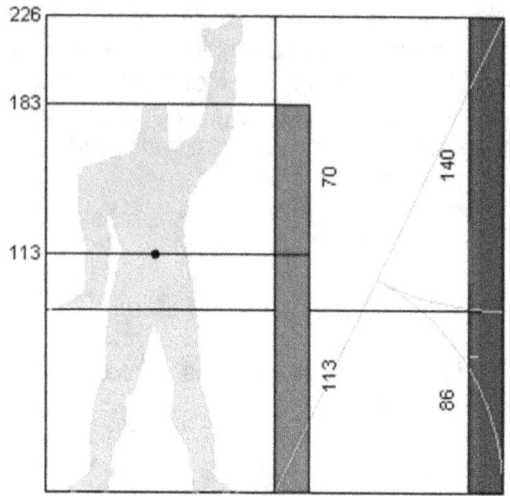

Le Corbusier : Extrait du *Modulor* Fig. 27.

Ces deux rapports sont utilisés comme les fondements de deux suites de nombres indépendants (appelées *série rouge et bleue*[35]), répondant toutes deux à la condition de ce qui est connu pour le mathématicien comme la *suite de Fibonacci*.

Bijou mathématique permettant la standardisation, et fascination par le lien de perfection en adéquation avec le contexte utopique du XXème siècle voyant se profiler l'Homme parfait du troisième millénaire, le nombre d'or prenait ici tout sa dimension.

---

[35] La série rouge est établie sur 1.13 m mètres (hauteur du nombril), la série bleue sur 2.26 mètres (hauteur du bras tendu).

E/ Les phénomènes de croissance

En étudiant les deux exemples caractéristiques des phénomènes de croissance chez les lapins et les abeilles, nous nous apercevons qu'ils sont organisés sinon du seul *nombre d'or*, du moins de la *série traditionnelle de Fibonacci.*

1/ Les lapins

Le nombre d'or surgit aux endroits les plus « inattendus ». La reproduction des lapins en est un exemple intéressant, d'autant plus que c'est par leur étude que Léonard de Pise, lui-même, exposa sa fameuse *suite de Fibonacci.* Il suggéra d'envisager la postérité d'un unique couple de lapins :

« *En janvier se constitue un couple de lapins qui, en février, en produit un second qui, à son tour, en produit un par mois. Et chaque couple de lapins engendre un nouveau couple dans le second mois suivant sa naissance, puis un par mois.*
Le problème est de trouver le nombre de couples à la fin du mois de décembre suivant. »

Pour résoudre ce casse-tête, nous disposons sur quatre colonnes les données suivantes (*figure 28*) :

- Colonne 1 : le nombre de couples de lapins reproductifs au début du mois donné ;
- Colonne 2 : le nombre de couples de lapins non reproductifs au début du mois ;
- Colonne 3 : le nombre de couples de lapins reproduits pendant le mois ;
- Colonne 4 : le nombre de couples de lapins vivant à la fin du mois.

MOIS	1	2	3	4
Janvier	0	1	0	1
Février	1	0	1	2
Mars	1	1	1	3
Avril	2	1	2	5
Mai	3	2	3	8
Juin	5	3	5	13
Juillet	8	5	8	21
Août	13	8	13	34
Septembre	21	13	21	55
Octobre	34	21	34	89
Novembre	55	34	55	144
Décembre	89	55	89	233

Fig. 28.

Chacune de ces colonnes contient la *suite de Fibonacci*, formée suivant la règle qui veut que *tout terme soit la somme des deux termes qui le précèdent immédiatement* :

$u_{n+1} = u_n + u_{n-1}$

2/ Les abeilles

Procédons de la même façon avec les abeilles.

Sachant que l'œuf non fécondé donne naissance au faux bourdon - mâle de l'abeille - et que les reines et ouvrières naissent d'un œuf fécondé, dressons un arbre généalogique sur plusieurs générations, et établissons un diagramme (*figure 29*).

En totalisant tous les mâles, puis toutes les femelles, et ensuite toutes les abeilles sans distinction de sexe qui constituent chaque génération, nous voyons que des *suites de Fibonacci* entremêlées se répètent trois fois : l'une pour les femelles (*f*), l'autre pour les mâles (*m*), et la dernière pour les deux (*f+m*).

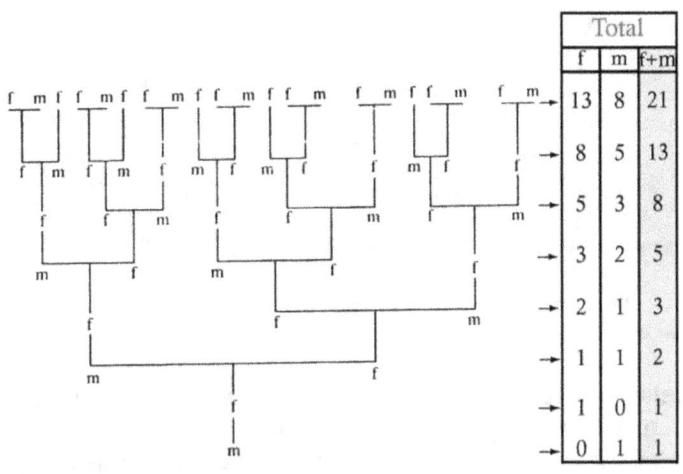

Fig. 29.

Femelles : 0,1,1,2,3,5,8,13
Mâles : 1,0,1,1,2,3,5,8
Mâles + Femelles : 1,1,2,3,5,8,13,21

3/ L' arbre

En 1860 Hugo Steinhaus[36] évoque la loi de croissance « fibonacienne » au sujet des branches d'arbre. Une branche d'arbre ne produit pas de nouvelle branche durant sa première année de croissance. Ensuite, elle produit une branche une année sur deux. La quantité de branches suit la série de *Fibonacci*: 1, 1, 2, 3, 5, 8...

---

[36] Władysław Hugo Dionizy Steinhaus (1887, Jaslo 1972 Wroclaw) : Mathématicien et professeur polonais

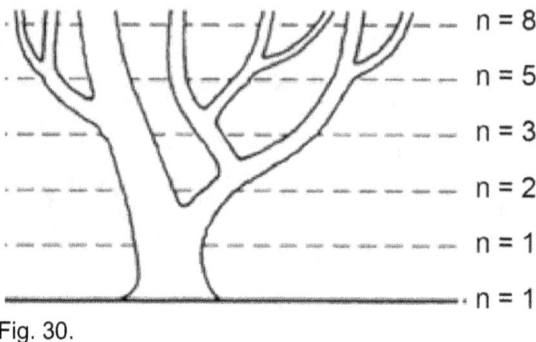

$n = 8$

$n = 5$

$n = 3$

$n = 2$

$n = 1$

$n = 1$

Fig. 30.

Cette omniprésence révélée par le constat, il fallait mettre en œuvre parallèlement une recherche de cette esthétique autour de l'art et de la création artistique.

Chapitre 2 : Diverses esthétiques

C'est en nous penchant sur l'ensemble des connaissances ou des savoir-faire nécessaires pour maîtriser une pratique donnée, ou l'activité humaine visant à la création d'œuvres exprimant un idéal de beauté, que nous pourrons énoncer les caractères de la *section d'or* et avancer dans la démonstration. L'ambiguïté même de la définition marque l'imprécision des frontières entre l'art et les autres domaines de la culture. Si ceci peut paraître en première approche sommaire, son énonciation permet de restituer les causes du statut du nombre d'or et de sa réciprocité avec l'esthétisme.

A/ L'architecture secrète égyptienne

En étudiant la pyramide de Khéops, plus grand ouvrage connu de l'Antiquité, et ses éléments retenus par les grands bâtisseurs, nous sommes interpellés par le jeu des proportions[37].

La somme des 4 côtés visibles (a) divisée par la surface invisible (b) est égale au nombre d'or soit : $4a / b = \Phi$[38]

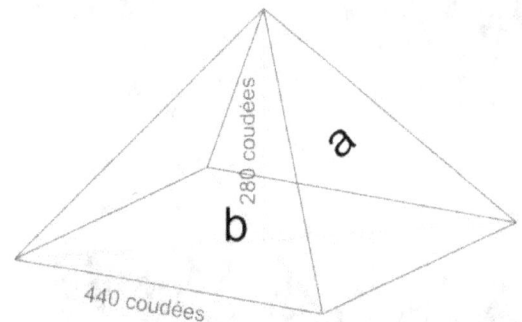

Pyramide de Kheops (axonométrie) Fig. 31.

B/ L'architecture géométrique grecque

L'architecture grecque apparaît comme une quête de la perfection géométrique et cherche une relation harmonieuse entre l'humanité et les dieux. La présence du nombre d'or, qui y semblerait logique, est en effet démontrée en étudiant différents édifices.

---

[37] D'après Hérodote, des prêtres égyptiens disaient que les dimensions de la grande pyramide avaient été choisies telles que : "le carré construit sur la hauteur verticale égalait exactement la surface de chacune des faces triangulaires".

[38] $4x(\sqrt{(280^2+(440/2)^2}x440/2) /440^2 = \Phi$.

1/ Le théâtre d'Epidaure

Construit à la fin du IVème siècle avant J.-C, il compte 55 gradins répartis en deux séries de 34 et 21 rangs, soit trois nombres successifs de la suite de *Fibonacci*.

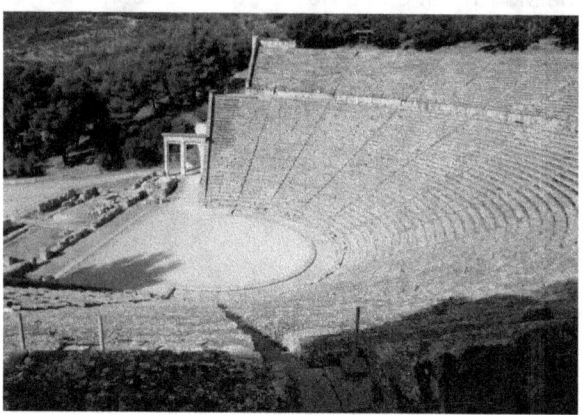

Théâtre d'Epidaure

2/ Le Parthénon

Façade destinée à montrer l'importance d'Athènes, le Parthénon fait apparaître un jeu géométrique complexe dans lequel le nombre d'or apparaît à de nombreuses reprises (*figure 32*).

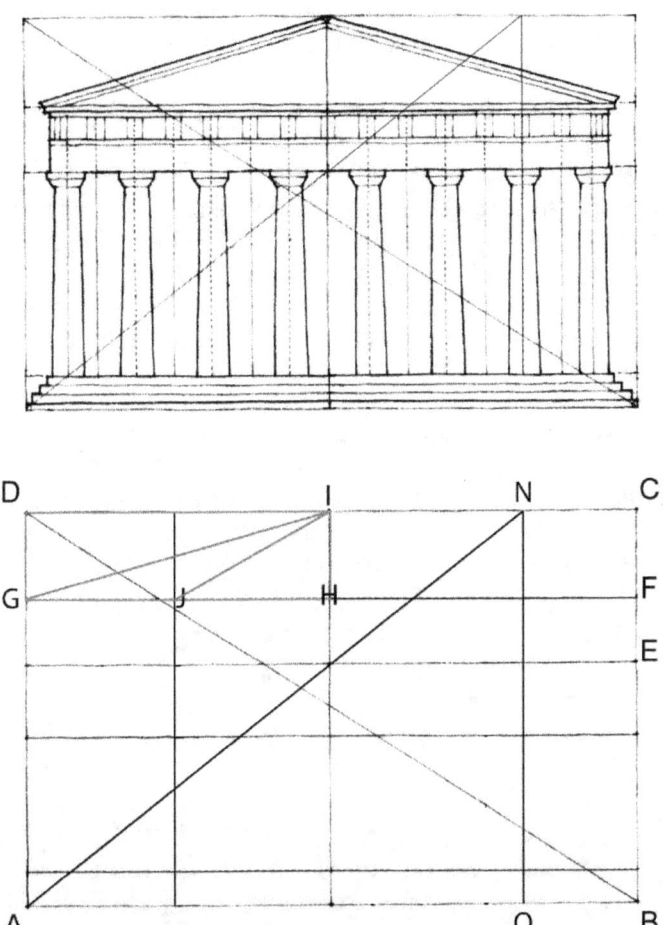

AB/BC = BC/BE = BE/CE = CE/CF = DN/DI = Φ = IJ/IG = Φ

Proposition de construction simplifiée : Jérôme Haubourdin
Etude Géométrique du Parthénon Fig. 32.

Nous pouvons relever le fameux *rectangle Parthénon* DIHG (*cf. Seconde partie chapitre 1*).

C/ Le style auvergnat du Moyen Age

Construites au XIème et XIIème siècle dans le diocèse de Clermont (Auvergne - France), les églises émanant de l'art roman auvergnat exposent une esthétique logique, sobre, originale et d'une forte identité. Elles s'articulent notamment sur une architecture simple de petite dimension, et la recherche d'une harmonie dimensionnelle particulièrement ordonnée.

L'étude des cinq églises les plus démonstratives et majeures du style (*Saint-Austremoine à Issoire, Notre-Dame d'Orcival, Saint-Nectaire, Saint-Saturnin et la Basilique Notre-Dame du Port* (*figure 33*) révèlent immédiatement la présence du nombre d'or.

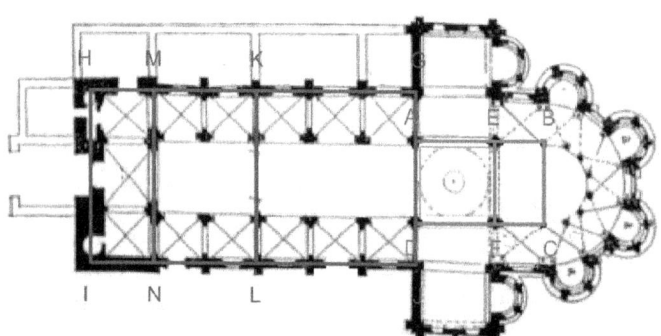

Plan de la « basilique » Notre Dame du Port (Proposition de construction : Jérôme Haubourdin) Fig. 33.

AB/AE = BC/EB = Φ
GM/GK = KH/KM = KL/Km
HK = KG = HI
HM x Φ = MK   MK x Φ = KG   AD/GA = Φ

D/ L'esthétique scientifique germanique

En Allemagne, terre de tradition philosophique bien ancrée, apparaît le développement de l'esthétique comme science distincte et indépendante.

La philosophie, les sciences et l'archéologie coexistent. La recherche d'une synthèse entre l'esthétique et la science, au moyen d'une loi fondamentale, permettra de mieux fonder et de créer les bases d'une esthétique véritablement « scientifique ».

1/ La section d'or d'Adolf Zeising

En 1854, le philosophe Adolf Zeising se propose d'élaborer une loi unique, universelle et fondamentale ; une *Grundgesetz* gouvernant la beauté.

Pour « découvrir » sa loi, Adolf Zeising démontre qu'il existe une relation inéluctable entre la beauté et la proportionnalité, puisque « le beau est l'harmonie qui relie l'unité à la diversité ». Or, la proportionnalité suppose un rapport entre deux parties inégales, et ce rapport doit être égal au rapport des parties au tout, définition qui est précisément celle de la *section d'or*.

Adolf Zeising propose plusieurs méthodes pour exposer sa loi régissant la beauté. Celles-ci sont la construction classique à l'aide de la règle et du compas, l'emploi de rapports simples tels que 3/5, 3/8, 5/8, voire 1/3 ou 2/3, la suite proche de celle de *Fibonacci*. Il justifie ensuite sa loi de proportion à l'aide de nombreux exemples : les minéraux, les plantes, les temples grecs ou les cathédrales, la *Madone Sixtine* de

Raphaël. Il les soumet à des divisions forcées par segments présentant entre eux un *rapport d'or*.

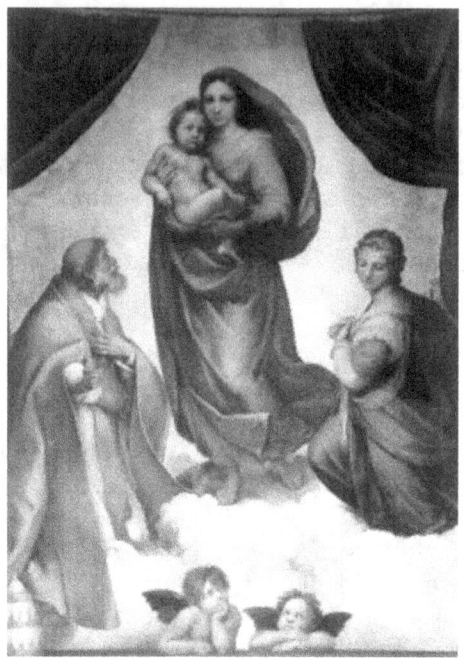

La *Madone Sixtine*

2/ Franz Liharzik et les mathématiques suprêmes

Dans son ouvrage *Das Quadrat* (1865), Franz Liharzik, médecin, pédiatre, chirurgien, se montre dithyrambique envers Adolf Zeising, notamment quand celui-ci présente la *section d'or* comme : « la loi morphologique qui imprègne toute la nature et l'art, et qui doit constituer le fondement de la structure de l'univers ». Franz Liharzik est convaincu qu'une *Grundgesetz* existe ou doit exister. Le problème est de la cerner.

84

Franz Liharzik part du principe selon lequel il préexiste une mathématique suprême, connue des anciens, qui gouverne la totalité de la nature. Cette mathématique contient toutes les connaissances et tout le savoir. « Aujourd'hui, des bribes éparses tels que Φ, π, le triangle et les *carrés magiques*[39] (*figure 34*) sont les ultimes témoignages de ce savoir mathématique très ancien ». Il convient donc de le retrouver. Zeising a commencé à montrer le chemin avec la *section d'or*.

28	4	3	31	35	10
36	18	21	24	11	1
7	23	12	17	22	30
8	13	26	19	16	29
5	20	15	14	25	32
27	33	34	6	2	9

La somme constante est ici égale à 111.
Carrés magiques Fig. 34.

3/ Une approche psychologique

Fechner et Wundt, chercheurs issus de disciplines relativement différentes, furent les principaux protagonistes de l'approche psychologique concernant le sentiment esthétique.

---

[39] Grilles où les chiffres figurant soit à l'horizontale, soit à la verticale, soit dans les deux diagonales, donnent une somme constante.

a- La psychophysique de Fechner

Gustav Theodor Fechner[40], professeur de physique, réfute méthodiquement Zeising. Après une étude minutieuse de plusieurs tableaux, notamment la *Madone Sixtine*, il ne trouve, contrairement à Zeising, aucune trace réellement significative de la *section d'or*.

Selon lui, pour démontrer la suprématie de la *section d'or* par rapport à la symétrie, il suffit de se fonder sur les formes élémentaires. Il les retire de leur contexte et regarde qu'elles sont celles qui rationnellement vont établir un ordre préférentiel de beauté.

Fechner s'attache à définir une notion d'esthétique qui soit véritablement expérimentale, et introduit une méthode basée sur l'ordre psychique et non plus philosophique comme auparavant. Par l'expérimentation, il établit rationnellement une forme fondamentale de la beauté. Malgré ses réfutations envers les travaux de Zeising, il en arrive finalement à peu près au même constat mais sous un autre angle et avec plus de souplesse. Le *rectangle d'or* a remplacé la *section d'or*.

b- La psychologie physiologique de Wundt

Wilhelm Wundt, médecin de formation, souhaite une nouvelle psychologie appliquant l'expérimentation et la mesure. Il analyse l'effet esthétique des formes sur

---

[40] On lui doit notamment une théorie de la relation entre l'âme et le corps, exprimée par une équation mathématique reliant l'intensité de la sensation (ce que l'on ressent subjectivement) à celle du stimulus. La sensation perçue varie proportionnellement au logarithme de l'intensité d'excitation $S = k \times \log$ (où k est une constante de l'intensité).

l'observateur, leurs proportions. Il recoupe les théories de Zeising et de Fechner.

Wundt aspire à une psychophysiologie scientifiquement engagée. Dans la sensation de plaisir esthétique, il insiste sur le rôle de l'observateur et sur la « sensibilité » de ce dernier. Les proportions ne doivent pas être uniquement vues comme *normes du plaisir* : leur effet esthétique est aussi lié à un contenu de la pensée qui serait introduit par l'observateur, et qui ne se trouve pas dans les rapports eux-mêmes. Le sentiment esthétique n'est donc pas purement formel, il est aussi l'éveil d'idées morales ou religieuses. Et dans ce processus, des effets esthétiques supérieurs se produisent. Ils peuvent tendre à la transcendance...

Enfin, la section d'or bénéficie de l'appui d'une méthode « scientifique ». Elle est ainsi dotée de tout le nécessaire pour devenir, dans la mémoire collective, l'essence fondamentale de la beauté.

E/ L'esthétique psycho-picturale française

Comme les allemands, les « chercheurs » français ont la conviction qu'il doit y avoir des règles scientifiques liées au sentiment esthétique. A la théorie viendra se greffer la pratique des artistes eux-mêmes.

1/ Les formules de Charles Henry

Charles Henry reprend les théories élaborées par les germaniques, et travaille à trouver une formule psychophysique des arts donnant enfin une base scientifique aux problèmes esthétiques.

Il définit le plaisir comme étant « la continuité de la sensation ». Il affirme que le plaisir requiert « une quantité d'efforts tendant vers le minimum ». Le problème esthétique est ramené au plaisir physiologique…

Pour reprendre ses « formules » citons celle-ci :
« Il faut quatre termes pour une proportion (a/b = c/d) ; mais quand l'œil, qui procède toujours par addition et soustraction, peut réduire ces quatre termes à trois ou à deux, il y a proportions beaucoup plus agréables, car demandant moins d'efforts ; dans le premier cas, il rencontre la proportion « harmonique » des grecs [a / c = (a - b)/(b - c)], dans le second la proportion divine de Pacioli [a / b = b/(a + b)]. Il est ainsi normal que la *section d'or* soit la ligne héritière de la notion de « beauté esthétique ».

Charles Henry entretenait de très bonnes relations avec de grands artistes comme Signac, Pissarro et Seurat, ou encore Ozenfant et Severini. Son influence sera donc importante dans le domaine artistique.

2/ La composition picturale de Seurat

L'étude de la composition de Seurat fait apparaître une préférence pour les rapports 3/8 ou 5/8, soit des rapports très proches de la *section d'or* et proposés par Zeising pour mettre en œuvre cette même loi.

L'étude des toiles *Cirque*, *Une Baignade*, *Un dimanche à la Grande Jatte* (*figure 35*) par exemple, montre un centre affirmé et un rythme très précis en hauteur comme en largeur.
En nous penchant sur la composition de la toile *Un dimanche à la Grande Jatte* (*figure 36*), nous voyons

que Seurat semble expérimenter la *section d'or* ; il l'appréhende, la situe au gré de sa composition. La géométrie construit l'œuvre mais Seurat y apporte ensuite une interprétation suivant son envie créative sans rentrer dans la « pure rigueur » mathématicienne. Le nombre d'or est-il là comme premier fil conducteur ou pour se rassurer de la perfection de son art...?

De nombreuses études n'ont fait que s'appuyer sur le découpage rythmique horizontal et vertical de la toile. Pour ma part, j'ai porté un grand intérêt aux obliques flottantes et aux diagonales données par les objets (les ombrelles et les cannes par exemple) accompagnant certains personnages du tableau. L'intersection de ces obliques avec les horizontales et les verticales du découpage de la toile correspond à la *section d'or*. Quelquefois une double intersection concourt à la manifestation de cette dernière, d'autres fois une certaine fluctuation peut se faire ressentir mettant en relief le refus du carcan que pourrait représenter la « mathématique ». La *section d'or* semble être ici un outil, un jeu, une expérimentation.

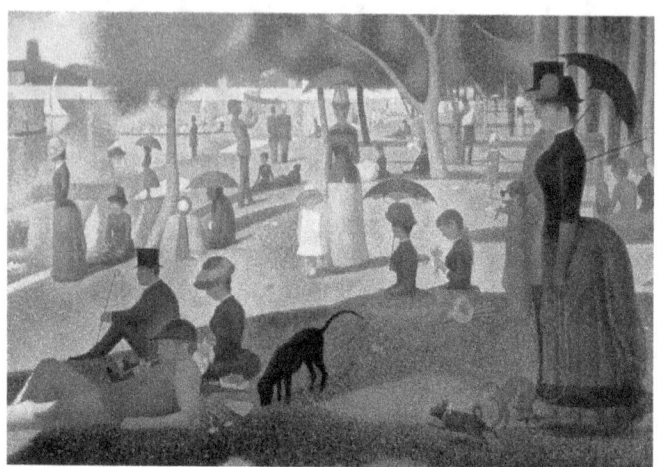

Georges Seurat : Un dimanche à la grande Jatte (1884-86) Fig. 35.

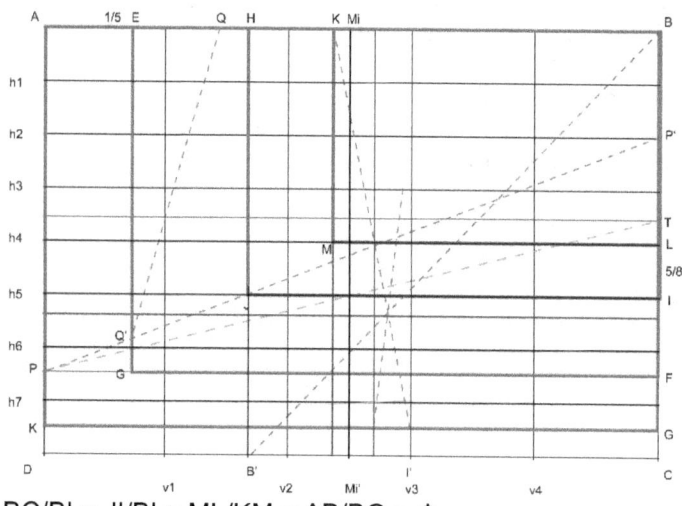

BC/BI = JI/BI = ML/KM = AB/BG = Φ

Tracés : Un dimanche à la grande Jatte   Fig. 36.
(Proposition de construction : Jérôme Haubourdin)

3/ Autour de Seurat

Dans l'entourage de Seurat, d'autres artistes affichent également diverses divisions dans leur composition.

a- *Claude Monet*

L'étude des œuvres de Monet montre qu'il construisit plusieurs de ses tableaux à l'aide des moitiés successives. Par exemple, dans sa toile *La Gare Saint-Lazare (figure 37)*, il délimite le grand auvent à la moitié de la hauteur du tableau, donne à la marquise[41] bien centrée une largeur égale à la moitié du tableau, aligne en dessous la locomotive et sa fumée bleutée. Il marque les quarts par la délimitation de la fumée bleue à gauche et le cheminot à droite.

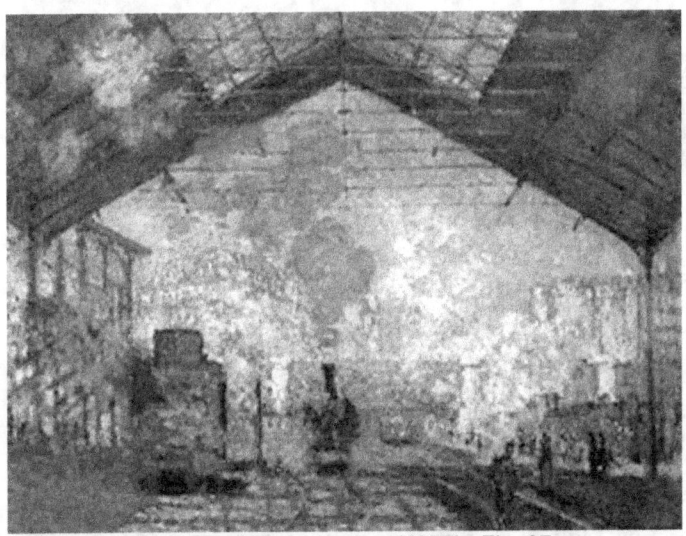

Claude Monet : La Gare Saint Lazare (1877)   Fig. 37.

---

[41] Auvent vitré en charpente de fer.

b- Edgar Degas

Des divisions simples aident Edgar Degas à disposer les personnages et objets sur la surface de la toile. On y remarquera notamment la présence du rapport 5/8. Ensuite, il quittera l'exactitude géométrique pour laisser libre court à son intuition, particulièrement avec la présence de la couleur de plus en plus prononcée et la simplification allant vers l'abstraction.

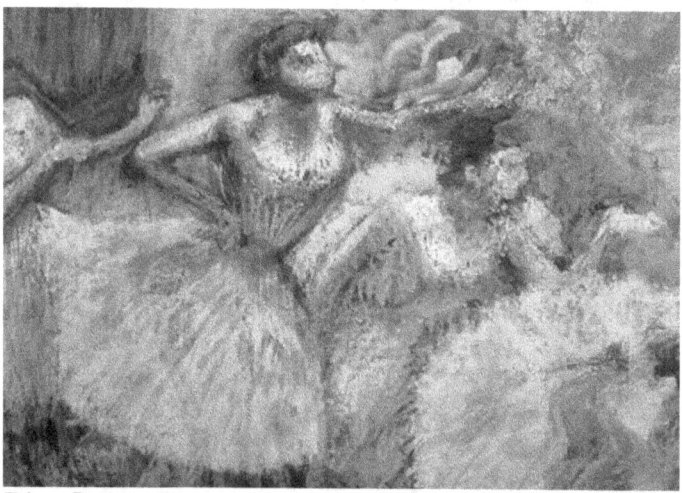

Edgar Degas : Répétition d'un ballet sur scène (1874)

c- Paul Cézanne

Le Golfe de Marseille vu de L'Estaque (*figure 38*) révèle l'attrait de Paul Cézanne envers les divisions simples. Nous distinguons la côte au premier plan à 5/8, le golfe qui s'étage en hauteur entre le quart inférieur et le 5/8, la limite de la mer en hauteur sous les 5/8. Mais, il faut avouer que les divisions du tableau deviennent mineures devant la puissance de plus en plus affirmée du jeu chromatique. Comme Degas, c'est ensuite « la couleur » qui règnera.

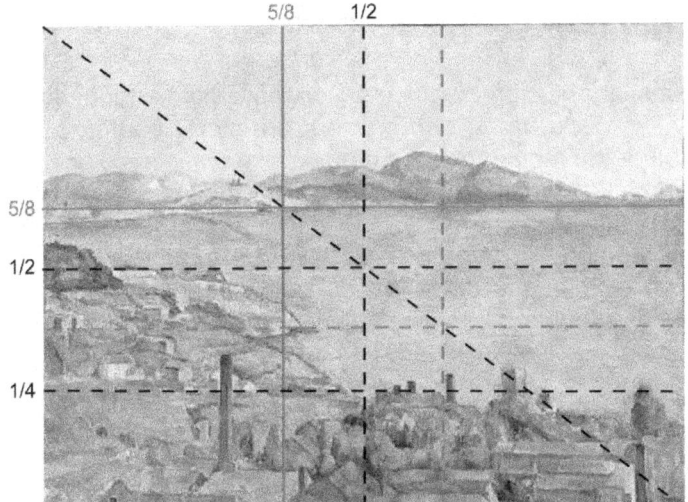

Paul Cézanne : Le Golfe de Marseille vu de l'Estaque (1885)
Fig. 38.

Dans l'ensemble, les œuvres donneraient plutôt raison à Fechner, le jeu géométrique étant très souvent présent. En revanche, elles ne confirment pas la perfection esthétique que Zeising attribuait à la *section d'or*.

Si Cézanne, Degas, Monet, Seurat préfèrent manifester leur totale liberté créative et arpenter l'espace selon leur instinct, leur génie, en voulant échapper à tout système, ils restent toutefois les précurseurs d'une certaine expérimentation, recherche et idée du *nombre d'or* répondant intrinsèquement à la propre mesure de son mythe.

En effet, un peu plus tard la *section d'or* et sa « théorie » réapparaissaient, sous un angle différent…

Chapitre 3 : La section d'or

Dans la profusion créatrice et conceptuelle du début du XXème siècle, la *section d'or* eut un intérêt particulier. L'étude du mouvement se dénommant « section d'or », l'art nouveau de Gino Severini, le purisme et le néoplasticisme, permettra de mieux la cerner autour des nombreuses théories qui s'y sont rapportées. Sa mise en pratique dans l'art de notre monde moderne viendra donner toute sa substance à la démarche.

A/ Le mouvement « la section d'or » de 1912

Au cours de l'exposition nommée « la section d'or » qui eut lieu à la galerie La Boétie du 10 au 31 octobre 1912, une trentaine d'artistes, parmi lesquels Marcel Duchamp et son frère Jacques Villon, Juan Gris, Fernand Léger, Francis Picabia présentèrent leurs œuvres les plus représentatives. L'ambiguïté de l'esthétique proposée par le groupe (qui organisera deux autres expositions en 1920 et 1925) se résume dans une oscillation entre la tentation millénaire d'une mystique du nombre d'or, et l'émancipation géométrique et musicale de la forme pure.

Qu'en est-il de la pratique picturale concernant Villon et Gris ? Que signifie pour eux la *section d'or* dans leurs œuvres ?

1/ Les œuvres de Villon

En étudiant les œuvres de Villon de 1912, nous pouvons observer que les objets sont enserrés dans un réseau de traits discontinus, souvent bien visibles, se répartissant essentiellement de trois manières : diagonales reliant les angles de la toile, droites en losange irrégulier joignant les milieux des côtés, enfin axe central bien affirmé. On ne remarque pas de divisions de lignes qui pourraient faire penser à la *section d'or*.

A partir de 1921, nous voyons naître des aplats colorés composés sur la base de moitiés et de quarts. Le relief s'estompe avec un jeu en deux dimensions laissant les plans se superposer et se chevaucher.

Dans les années 1931-32 nous voyons le retour de la perspective et de la profondeur prononcée. La composition optique des points de fuite est rompue par plusieurs rectangles colorés concentriques, dont les dimensions sont en rapport avec la taille de la toile : moitiés, quarts et huitièmes. On y trouve la *section d'or* de façon proéminente.

L'oiseau empaillé (*figure 39* est un exemple de cette profusion géométrique dans la composition de Jacques Villon.

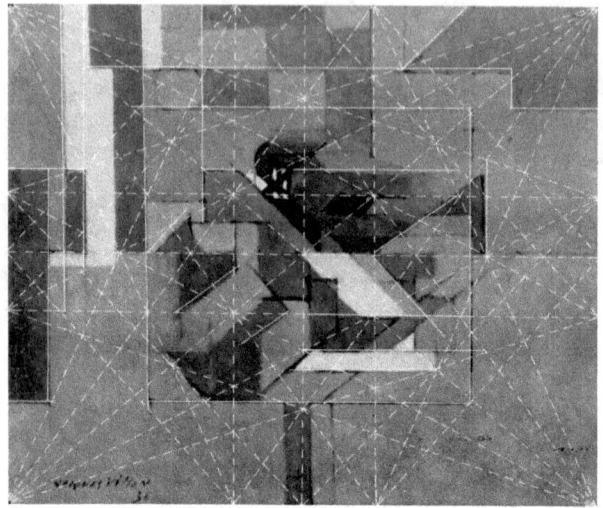

Jacques Villon : L'oiseau empaillé Fig. 39.

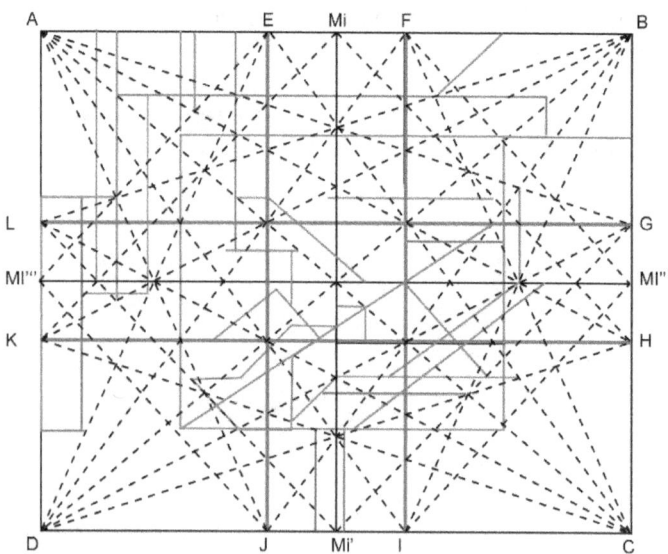

Tracés Jacques Villon : L'oiseau empaillé Fig. 40.
Proposition de construction : Jérôme Haubourdin d'après Charles Bouleau.

AB/AF = BA/BE = AF/AE = BE/BF = AD/AK = DA/DL = AK/AL = DL/DK = Φ

Il déclarera : « Comme au Moyen Age on faisait une prière avant de commencer à peindre, ainsi je m'appuie sur la *section d'or* pour avoir une assurance première. » Les points d'intersection des différentes obliques qui relient les sommets aux *coupures d'or* du cadre et les orthogonales qui relient entre elles ces coupures permettent d'établir toutes les divisions de cette composition strictement rectiligne et rectangulaire (*figure 40*).

C'est l'emploi des harmonies rares qui sauve sa peinture d'une géométrie épurée. Le procédé sera constant et Villon cherchera à en renouveler l'utilisation d'une œuvre à l'autre.

2/ Les œuvres de Gris

Les œuvres de Juan Gris laissent apparaître des formes aux contours bien délimités, disposés sur une armature de lignes très visibles qui coupent les bords de la toile en quarts et moitiés, mais qui peuvent également prendre une certaine liberté avec ces mesures.

Dans les années 1916-18 Juan Gris apporte un regain de théorie et de rigueur à ses toiles. Il trace les axes de composition et appose la lettre *S* là où il croit qu'existent des *sections d'or*.

L'observation de certaines œuvres peintes ou dessinées des années 1917-20 à l'exemple de la toile « Guitare et fleurs » (*figure 41*) dénote une préférence nouvelle pour les 5/8. Ces derniers sont affirmés par un tracé précis et un changement de tons ou de teintes.

Les moitiés, les quarts et les tiers sont toujours présents. Chaque division occupe une place particulière dans l'arrangement du tableau et la *section d'or* prédomine dans la perception (*figure 42*). La *section d'or* est un nouvel apport géométrique. Juan Gris l'utilise pour sa commodité, l'expérimente lui-aussi, mais elle ne semble pas être une « révélation ».

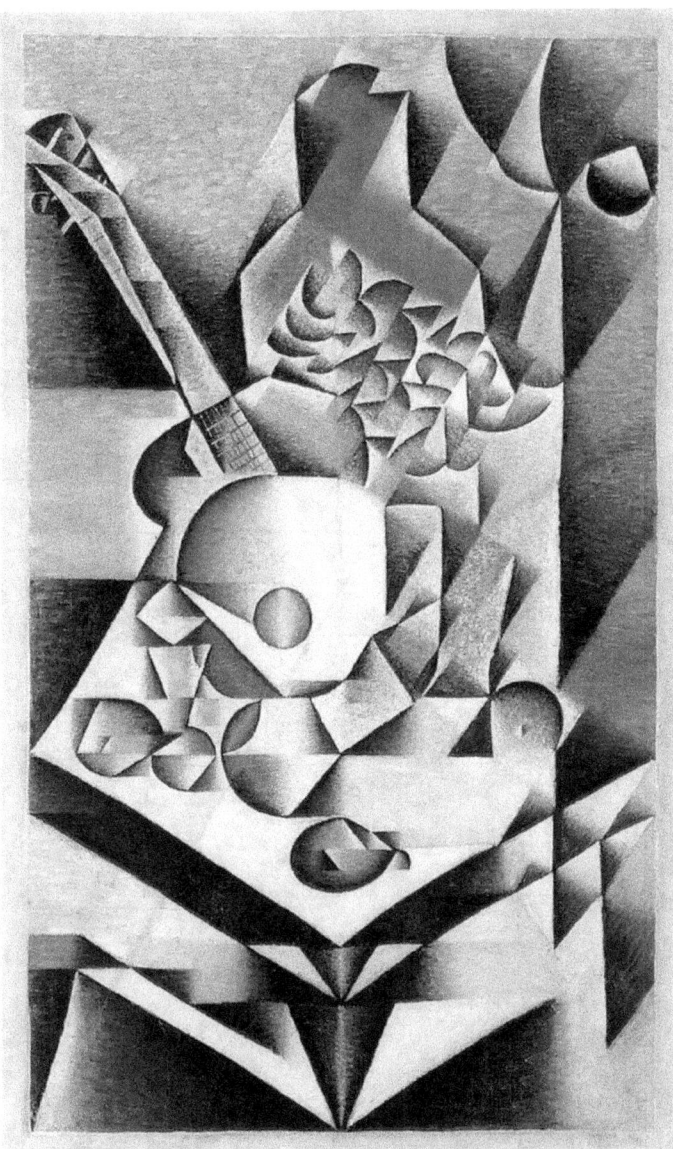

Juan Gris : Guitare et fleurs Fig. 41.

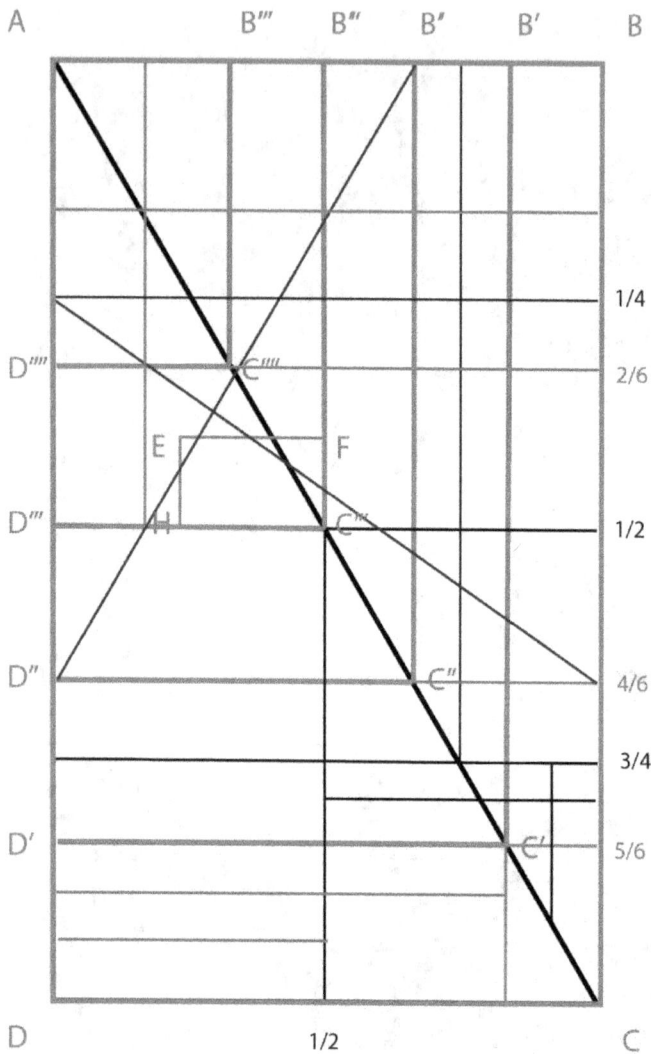

AD/AB = AD'/AB' = AD''/AB'' = AD''''/ AB'''' = Φ

On remarquera le *rectangle d'or* EFC'''H

Proposition simplifiée de construction : Jérôme Haubourdin Fig. 42.

L'année 1921 est une date importante s'établissant comme un tournant dans la perception de la *section d'or*. Dix ans après l'exposition de 1912, nous voyons apparaître des ouvrages écrits par des peintres ou figure l'expression « section d'or ». Paul Sérusier, dans son *A B C de la peinture*, définit correctement la *section d'or* : ½ (1+√5) = 1.618... et utilise son appellation habituelle : « *division en moyenne et extrême raison* ».

B/ L'art nouveau de Gino Severini

Gino Severini, acteur principal du mouvement futuriste en France, vient apporter une nouvelle orientation du rapport entre l'œuvre et l'artiste. Il fait le constat que l'art est en pleine décadence, voire en plein chaos, en raison d'un certain « fétichisme de l'originalité » dont se rendent coupables trop de créateurs. Severini en arrive au but de retrouver un art régénéré qui serait étroitement lié à la science et se développerait parallèlement à elle. « Il faut revenir aux grands principes de l'art, retrouver les règles anciennes, les lois éternelles fixes et inviolables. »

Dans cette optique, Severini résume les connaissances minimales que l'artiste doit acquérir pour sortir l'art du chaos. Il explique ce que sont respectivement « le nombre d'or » et « la section d'or ». Il se sert du début de *la série de Fibonacci* pour en présenter les valeurs approchées, montre que la *section d'or* existe indirectement dans la pyramide de Kheops (figure 31), sur la façade des temples égyptiens et grecs, notamment sur celle du Parthénon (*figure 32*).

Il rappelle aussi quelles sont les lois de l'optique, de la symétrie, de l'eurythmie, du contraste des lignes et des angles, ainsi que les caractéristiques de certains rapports parmi lesquels 3/2 ; 4/3 ; 5/4 ; 3/5 et bien sûr $(\sqrt{5}+1) / 2$. Enfin, il affirme que l'artiste doit bien connaître la théorie des nombres ainsi que toutes les propriétés des figures géométriques.

En fait, derrière la rigueur et l'omniprésence de sa géométrie, Severini voulait imposer le refus de l'instinct donc des lois du corps, au profit de l'esprit et de la raison.

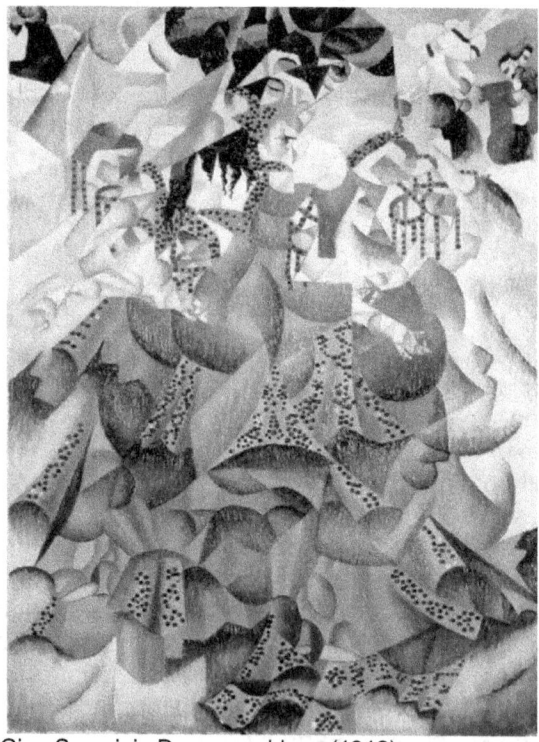

Gino Severini : Danseuse bleue (1912).

C/ Le purisme

Dans cette lignée, le mouvement puriste crée par Amédée Ozenfant et Le Corbusier en 1918, affirme qu'il est nécessaire d'« instituer » un système esthétique qui s'appuiera sur la science puisque « l'art a des lois comme la physiologie ou la physique ». La *section d'or* est aussitôt proposée comme première loi dans le cadre de l'esthétique expérimentale de Fechner et de Wundt. Cette dernière opère à deux niveaux différents et complémentaires qui sont :
- la psychologie physiologique
- la nature des propriétés physiologiques des moyens plastiques.

Le premier niveau se réfère aux travaux de Wundt. C'est la maîtrise parfaite des sensations qui permet d'atteindre le beau. En pratique, les réactions, émotions ou sensations éprouvées par le spectateur sont physiologiquement analysées comme étant, soit le résultat d'une perturbation des sens découlant de phénomènes optiques, soit le résultat de sensations musculaires ou circulatoires.

Le deuxième niveau de la théorie puriste reprend les travaux de Fechner et traite des sensations attachées à certaines formes vues par le spectateur. Seules certaines d'entre-elles correspondent aux sensations d'ordre mathématique recherchées.

1/ Les moyens plastiques

La création d'une sensation d'ordre mathématique ne peut être délivrée que par des règles adaptées. Les méthodes pratiques d'essence géométrique incluent les modules régulateurs et la *section d'or*. Deux autres configurations sont très appréciées : le *triangle équilatéral*[42] et le *triangle égyptien*[43].

La *section d'or* est définie comme satisfaisant pleinement aux exigences esthétiques selon l'expérience de laboratoire de Fechner. De plus, elle est qualifiée de loi physique et mathématique perçue par notre sensibilité. Les puristes refusent d'y voir toute signification autre. C'est ainsi qu'ils se démarquent de son aspect éventuellement mystique ou ésotérique. Pour eux, « la *section d'or* est une section de ligne mathématique permettant de diviser une droite de telle sorte qu'un rapport harmonieux règne entre les deux segments », définition qui la place sur un terrain nettement délimité, de nature mathématique et/ou scientifique.

Les puristes sélectionnent l'*orthogonalité* comme autre moyen pour réussir l'œuvre d'art désirée. Le principe émane de la vision dans l'espace de la loi de la pesanteur engendrant l'angle droit, admis comme symbole de la perfection.

2/ La purification de la peinture

Le corps du purisme s'ordonne dans des lois impératives, notamment les tracés régulateurs, dont la

---

[42] Triangle dont les côtés sont égaux.
[43] Triangle rectangle dont les côtés de l'angle droit mesurent respectivement trois et quatre unités ; l'hypoténuse mesure alors cinq unités. Dans l'ancienne Égypte, tout triangle dans lequel les trois côtés étaient dans le rapport 3, 4, 5 servait d'équerre. Le triangle égyptien est le plus petit triangle de Pythagore. Ce triangle a été trouvé dans un ancien document chinois appelé *Livre sacré du calcul* ou « *Tcheou-pei* ». La partie qui contient ce triangle aurait été composée vers 1100 avant Jésus-Christ. Le triangle égyptien est aussi appelé triangle fondamental.

nature est à la fois théorique et géométrique. Ces derniers contrôlent et organisent la composition pour atteindre à « une émotion intellectuelle d'ordre mathématique ».

Les puristes vont considérer que restreindre l'émotion la plus élevée aux sensations d'ordre intellectuel ou mathématique entraîne logiquement un dernier degré qui exclut tout ce qui relève du domaine sensible, des émotions humaines et plus particulièrement du plaisir. Ainsi, parallèlement à la géométrie, les puristes vont réduire le plus possible le rôle de la couleur, considérée comme l'expression de sentiments moins élevés, impropres à susciter les « jouissances mathématiques visées ». « La couleur doit être esclave de la forme ». La forme compte d'abord et tout doit lui être subordonné.

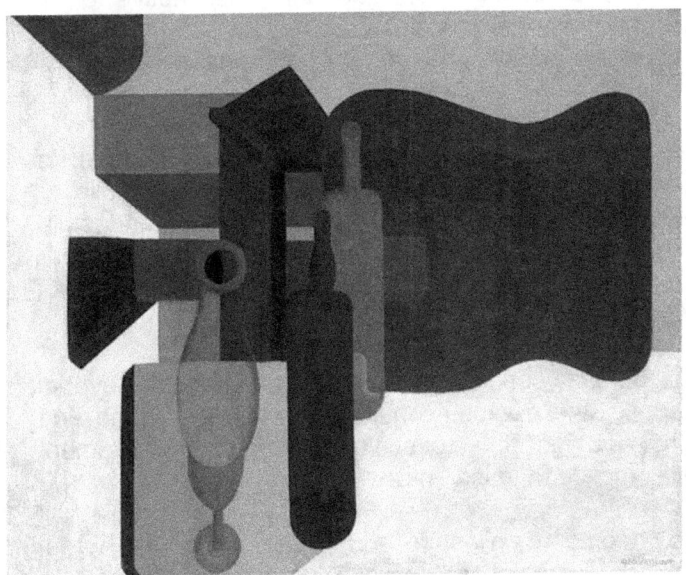

Amédée Ozenfant : Guitare et bouteilles (1920)

L'esthétique puriste, géométrique, soumise à l'ordre, faite d'intransigeance, exprime l'éthique particulière de ses auteurs et leurs interdits personnels. Mais sur ce plan, elle sera rapidement trahie de la part même de ses protagonistes. Ainsi dans ses œuvres peintes, Le Corbusier abandonnera la droiture géométrique pour laisser place à la rondeur de femmes enlacées, dont les formes souples, larges et amples évoquent un monde sensuel, coloré, onirique, qui n'aura plus grand-chose de commun avec le purisme de 1920.

Amédée Ozenfant apportera une ultime désapprobation de la *section d'or* en s'exprimant sur l'ouvrage de Severini « *Du cubisme au classicisme* ». Il y relève un fâcheux esprit mystique pour *la section d'or* et va même jusqu'à qualifier le livre : d' « ouvrage naïf d'un homme de quarante ans, qui découvre, avec une surprise émerveillée, la géométrie descriptive et la perspective élémentaire, et qui proclame, en annonçant sa découverte, qu'il apporte le salut des ateliers ».

En effet, avec l'évolution temporelle et la pratique, la géométrie a pris une fonction purement symbolique, essentiellement évocatrice. Le monde industriel nouveau est magnifié, et l'imagination du spectateur est sollicitée vers un futur de rêve ; un monde bientôt « parfait ».

Les puristes considèrent qu'à ce futur exaltant, Severini oppose une géométrie passéiste conçue comme une discipline rigoureuse et scolaire qui doit impérativement être appliquée, mise en œuvre.

La géométrie n'inspire plus, elle encadre. Autant Severini la maintient dans le domaine du concret, du pratique, autant les puristes optimistes et idéalistes, en transcendent le principe, la placent au niveau de l'imaginaire, retrouvent l'*idéal platonicien*.

La théorie puriste de base est donc progressivement réduite. Elle est mise en accord avec la pratique effective de l'artiste. Les puristes en restent à la conception théorique pensant que celle-ci est suffisante pour appartenir à l'ordre esthétique supérieur... Le Corbusier déclarera : « Le tracé régulateur [...] est une opération de vérification [...], une satisfaction d'ordre spirituel... » On peut lire aussi, dans *le Modulor* : « Le tracé [...] ne vient que mettre de l'ordre [...] accomplissant ou réclamant une véritable purification... »

La *section d'or* sert de contrôle et renvoie l'artiste à un ordre idéal. C'est peut-être ce que montrera particulièrement Le Corbusier dans son architecture. Il approfondira et mettra en pratique de belle façon le nombre d'or en l'expérimentant totalement dans sa création avec son fameux *Modulor*. La cité radieuse à Marseille (*figure 43*) construite en 1955 en sera une utilisation clairement établie, et Le Corbusier en parlera d'ailleurs sans ambiguïté. Les dimensions des plans, coupes, façades sont directement issues de *la section d'or* et s'articulent magnifiquement entre elles.

Peut-être, est-ce dans l'architecture que la section d'or trouve sa réelle dimension. C'est dans la « mère des arts » qu'elle peut exacerber toute son universalité et sa majesté.

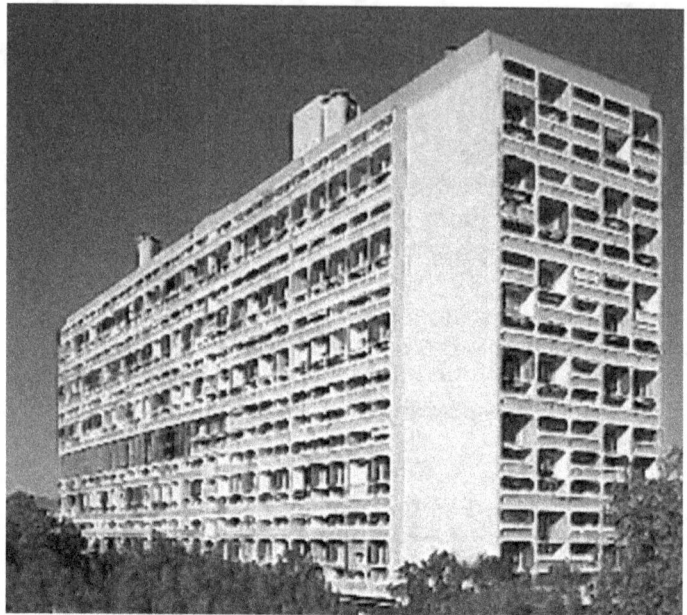

La cité radieuse de Le Corbusier (peinture : Jérôme Haubourdin)
Fig. 43.

La *section d'or* est le point de départ d'une géométrie qui cède aux fluctuations et envolées de l'artiste. L'art se vit comme ouverture, complétude et surgissement de l'inconscient du fond de son être...

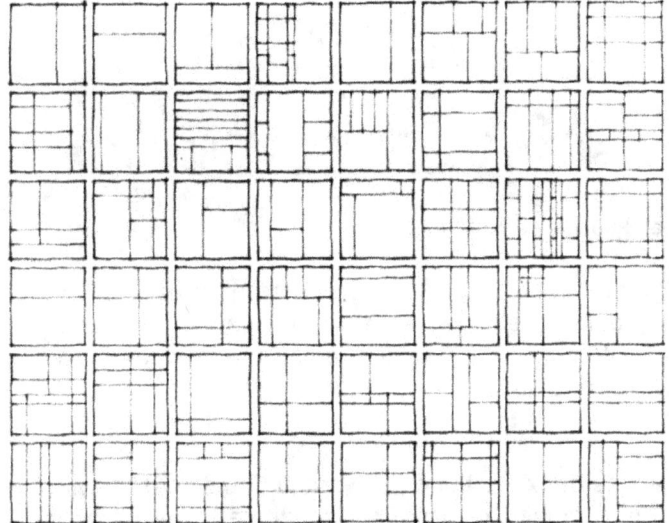

Diagramme basé sur les proportions du *Modulor* (Le Corbusier).

D/ Le design industriel

Dans le domaine industriel, certains concepteurs s'essayèrent à mettre en œuvre le nombre d'or dans leur création.

Très appréciée par les architectes de par son concept et sa philosophie alliant intelligemment la fonction à la forme, le modèle 900 (*figure 44*) du constructeur automobile suédois *Saab* est un bon exemple. Cette voiture ne laisse pas indifférent et distille un charme que certains évoquent comme « indicible ». Certainement car sa « ligne » est articulée autour de la *section d'or (figure 45)*...

109

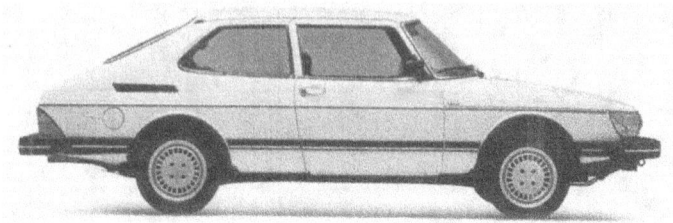

Saab 900 vue de profil Fig. 44.

Traçons un rectangle ABCD enserrant la hauteur et la longueur du véhicule. A partir du milieu O du segment CD, traçons une perpendiculaire. Nous nous apercevons que :
CO/AC = Φ

Traçons deux droites en suivant la direction du pavillon et de la pointe du capot de la voiture, puis marquons leur intersection avec la perpendiculaire passant par le point O pour obtenir un point I. Nous formons un triangle IC'D' et nous constatons que :
C'D'/CD = Φ

A partir du point I projetons les lignes IH et IH' suivant les directions du pare-brise frontal et latéral, Nous avons OH'/OH = Φ

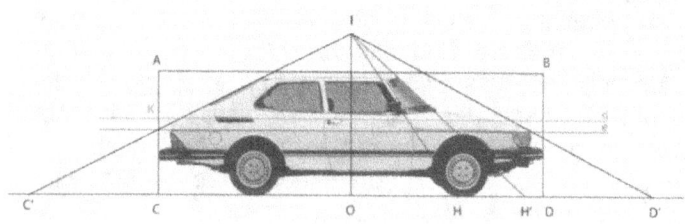

Géométrie du profil de la Saab 900 Fig. 45.
Proposition de construction : Jérôme Haubourdin.

E/ Le néoplasticisme

Personne, certainement, n'est allé aussi loin dans la pure géométrie et le strict emploi de la *section d'or* que le néerlandais Piet Mondrian, principal protagoniste du mouvement « De Stijl » né en 1917, et dont l'influence fut profonde, notamment dans l'architecture.

L'art doit rechercher le repos de l'esprit : « Le repos devient plastiquement visible par l'harmonie des rapports », qui sont de trois sortes : *rapport de position, rapports de proportions, rapports de couleurs.*

Comme dans la théorie puriste, l'orthogonalité est un élément primordial, mais Piet Mondrian y apporte une subtilité. Il note en effet que dans la multiplicité, l'angle droit cesse d'être unité, car donne naissance au rythme changeant avec l'inégalité des rapports.

Avec une intransigeance exceptionnelle, Mondrian ne vise que l'expression des constantes de l'esprit humain. Il en arrive au schéma à l'état pur.

Le schéma porte déjà en lui le principe même du beau. Nul avant Mondrian n'avait pu le prouver. Une seule chose compte : créer grâce à la rigide mathématique une beauté supérieure, pure œuvre de l'esprit, réjouissant à travers l'œil l'intellect du spectateur.

Les tableaux de Mondrian guident d'ailleurs encore aujourd'hui certains architectes pour l'organisation de leurs façades.

« Seul l'aspect pur des éléments dans des proportions équilibrées peut atténuer le tragique dans la vie et dans l'art » *Piet Mondrian.*

Dans le tableau *Broadway Boogie-Woogie* (*figure 46*), les horizontales et les verticales qui constituent cette œuvre sont presque toutes sur le *rapport d'or*. Pour les verticales, les premiers segments ainsi obtenus seront à leur tour redivisés par le même rapport et ainsi de suite, cela jusqu'à six fois. Pour les horizontales, le rapport d'or sera pris et redivisé parfois vers le haut, parfois vers le bas (*figures 47 et 48*).

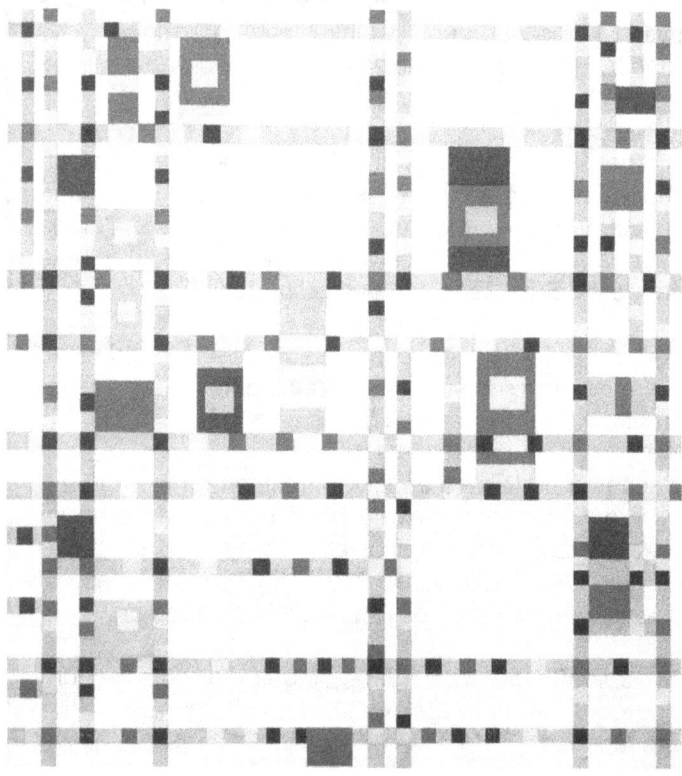

Piet Mondrian : Broadway Boogie-Woogie (1942-43) Fig. 46.

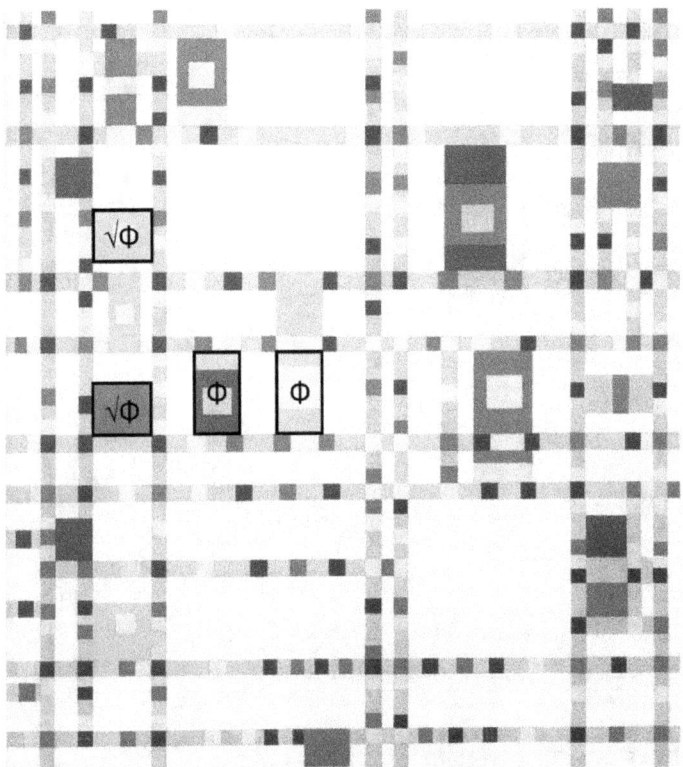

Proposition de construction : Jérôme Haubourdin
Présence des rectangles d'or : Broadway Boogie-Woogie
Fig. 47.

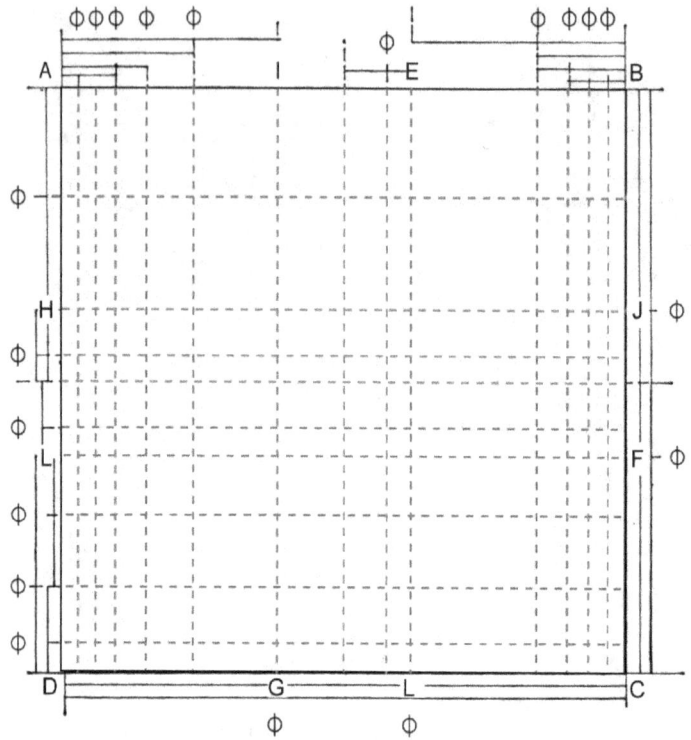

$$AB/AE = BC/BF = CD/CG = DA/DH = \Phi$$
$$AE/AI = BF/BJ = CG/CK = DH/DL = \Phi$$

Proposition de construction : Jérôme Haubourdin
Tracés : Broadway Boogie-Woogie Fig. 48.

L'œuvre de Mondrian montre une méthode « pré-opératoire ». L'art est devenu la production d'une rigueur et d'une esthétique mathématique.

Piet Mondrian est peut-être le meilleur exemple des diverses théories que nous venons d'exposer. Il les fusionne en quelque sorte, et nous permet d'avoir une interprétation réelle de la finalité et de l'aboutissement des différents courants artistiques et scientifiques élaborés sur le nombre d'or au XXᵉᵐᵉ siècle.

Il nous permet de conclure cet ouvrage de façon ouverte, clairement tendue vers notre effervescence de pensée et la magie du nombre d'or. Il nous engage à avancer dans la conception et à être d'autant plus réceptif à la connaissance et la réflexion.

Fort de ses mouvements, de son histoire, de l'engouement qu'elle a pu engendrer, la section d'or est toujours très présente. De l'expérience des génies du début du XXᵉᵐᵉ siècle qui restent les maîtres référents de l'architecture et de l'art moderne, elle est devenue incontournable. De son patrimoine, elle trouve un profond ressort aujourd'hui, et retrouve une certaine renaissance…

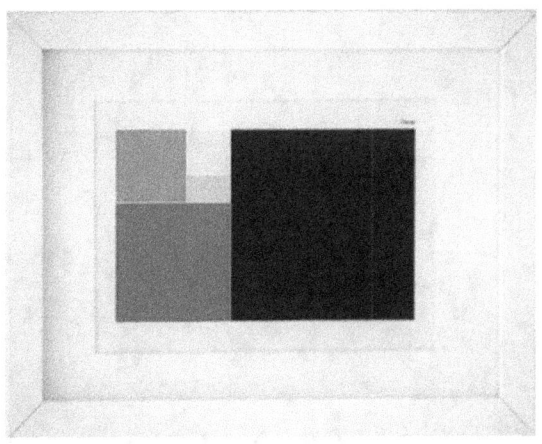

Peinture articulée autour du nombre d'Or
Création : Jérôme Haubourdin
Pigment sur papier glacé. Titre de l'œuvre : « Oscar »

CONCLUSION

Du fait que l'étude mathématique du *nombre d'or* a commencé à des temps très reculés et à diverses époques différentes, nous pouvons considérer que la recherche a été très poussée, mais de nombreuses découvertes restent encore possibles.

En ce qui concerne les phénomènes naturels, nous sommes contraints d'admettre que les recherches sont relativement balbutiantes. Les découvertes futures s'annoncent donc captivantes...

Dans le domaine de l'art, d'importantes études ont été menées et ont donné naissance à des méthodes d'investigation devenues relativement fiables. Les œuvres d'art sont nombreuses et le travail d'exploration reste encore immense.

Quant au niveau psycho-physique, les recherches ne sont encore qu'à leur début.

L'enthousiasme envers le nombre d'or n'est ainsi pas prêt de cesser, d'autant plus qu'en parallèle de sa forte dimension mathématique, et malgré la volonté et les démonstrations de certains (que l'on ne pourraient contester), il reste et restera certainement toujours fortement attaché à une dimension magique, mystique et mythique, l'Homme ayant certainement encore plus besoin qu'autrefois de se projeter vers des éléments transcendant son aspiration la plus profonde, son rapport avec l'Univers à une époque ou la perte de bon sens se révèle outrageusement.

A lui seul, le nombre d'or reflète et cristallise par sa dimension, la propre essence de l'Homme, sa transfiguration du passage de l'animal à l'hominidé.

L'engouement du *nombre d'or* apparaît à chaque époque charnière de notre histoire humaine. Sa simple étude et son approche sont très révélatrices de l'évolution sociétale et humaine, du regard de l'Homme sur l' « entité supérieure », celle-ci prenant diverses acceptions en fonction des civilisations et époques. Cette recherche constante qui nous est propre, nous guide sur la raison de notre présence existentielle. De par sa perfection le nombre d'or illuminera notre âme, et notre vie n'en sera que meilleure.

SOMMAIRE

BIBLIOGRAPHIE

BOULEAU Charles, *Charpentes. La Géométrie secrète des peintres*, Paris, Editions du Seuil, 1963, réédition. 1981.

CLEYET-MICHAUD Marius, *Le nombre d'or,* Paris, PUF, 1973, coll. « Que sais-je ? », n°1530, 5e édition mise à jour, 1985.

DE VINCI Léonard & CHASTEL André, *Traité de peinture*, Paris, Calmann Levy, nouvelle édition, 2003.

D.K. CHING Francis, *Architecture : form, space and order*, New York, Van Nostrand Reinhold, 1979.

DORRA Henri et REWALD John, *Seurat, l'œuvre peint. Biographie et catalogue critique*, Paris, 1959, réed. Flammarion, 1990.

EUCLIDE, *Eléments,* Paris, PUF, 1990.

Five-Year Wilkinson Microwave Anisotropy Probe (WMAP) Observations, NASA, 2009.

GUEDJ Denis, *L'empire des nombres,* Paris, Gallimard, coll. « Découvertes Gallimard », n°300, 1996.

HAUBOURDIN Jérôme, *Le Mythe du nombre d 'or - une esthétique mathématique*, Paris, Editions Biospheric, coll. « Les essentiels Biospheric », 1ère, 2ème, 3ème édition 2007, 2011, 2016.

HAUBOURDIN Jérôme, *Des Mondes d'Architecture – Petite Histoire Thématique de l'Architecture*, Paris,

Editions Biospheric, coll. « Les essentiels Biospheric », 1ère, 2ème, 3ème édition, 2008, 2011, 2017.

HAWKING Stephen, *Sur les épaules des géants : les plus grands textes de physique et d'astronomie*, Paris, Dunod, 2003.

HEMENWAY Priya, *Le Code Secret*, Cologne, Evergreen, 2008.

HUNTLEY H.E, *The Divine Proportion. A Study in Mathematical Beauty,* New York, Dover Publications, 1970.

IFRAH Georges, *Histoire universelle des chiffres*, Paris, Robert Laffont, coll. « Bouquins », 2001.

LE CORBUSIER, *Le Modulor,* Paris, Editions de l'architecture d'aujourd'hui, coll. « Ascoral », 1950. *Le Modulor 2,* Paris, Editions de l'architecture d'aujourd'hui, coll. « Ascoral », 1955.

LE CORBUSIER, *Le poème de l'angle droit*, Paris, 1955, Firenze, Mondadori Electa, réédition 2007.

MARKO v. Jaric, *Introduction to the Mathematics of Quasicrystals*, Academic press, 1989.

NEVEUX Marguerite, *Le nombre d'or, radiographie d'un mythe,* Paris, Editions du Seuil, 1995.

OZENFANT Amédée, *Mémoires 1886-1962*, Paris, Seghers, 1968.

PACIOLI Luca, *De divina proportione,* Paris, Librairie du Compagnonnage, 1980.

RIQUET DE CARAMAN (Duc de Caraman), *Charles Bonnet philosphe et naturaliste,* Paris, A. Vaton libraire-éditeur, 1859.

ROWE Colin & SLUTZKY Robert, *Transparence réelle et virtuelle,* Paris, Editions du Demi -Cercle, 1992.

SEVERINI Gino, *Du cubisme au classicisme, esthétique du compas et du nombre*, Paris, 1921. Florence, 1972.

STURGIS Alexander & CLAYSON Hollis, *Understanding paintings,* Editions Octopus, 2000.

VERDIER Norbert, *A quoi servent les mathématiques ?* Toulouse, Editions Milan, coll. « Les essentiels Milan », n°96, 1998.

VINCENT Robert, *Géométrie du nombre d'or*, Marseille, Editions Chalagam, 5ème édition, 2007.

WARNCKE Carsten-Peter, *De Stijl,* Bonn, Benedikt Tashen, 1991.

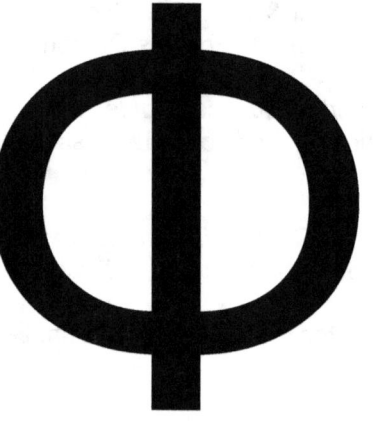

www.ingramcontent.com/pod-product-compliance
Lightning Source LLC
Chambersburg PA
CBHW071320220526

45468CB00001B/439